朝日新書
Asahi Shinsho 679

池上彰の世界を知る学校

池上　彰

朝日新聞出版

編集協力　井之上達矢
地図作成　鳥元真生（17、20、37、198、207、229）
イラスト　二階堂ちはる（33、55、63、239、244）

はじめに

世界の多くの人が驚いた米朝首脳会談。北朝鮮は本当に「非核化」に向けて取り組むのだろうかと半信半疑や疑心暗鬼の人も多いことでしょう。

なにせ2017年までは互いに相手を「チビのロケットマン」「老いぼれ」と罵り合ってきたのですから。

しかし、アメリカのドナルド・トランプ大統領は、大統領に就任後、自分について言及した人物や新聞、テレビがあると、即座に反応してきました。

過去のアメリカの大統領は、北朝鮮がいくら挑発的な行為に出ようとも「戦略的忍耐」の名のもとに意図的に無視してきました。「北朝鮮が自分から非核化に踏み切るなら対話の用意がある」という方針だったからです。

しかし、トランプ大統領は過去の外交交渉の経緯に無頓着。北朝鮮が挑発するとすぐに反論してきました。

北朝鮮にしてみれば、トランプ大統領を挑発すれば、対話に引き込めると考えたはずです。作戦は見事に成功。トランプ大統領は首脳会談が実現しただけで有頂天になり、非核化の道筋を曖昧にしたまま、北朝鮮に「体制保証」を約束しました。30代の金正恩《キムジョンウン》委員長は、今後40年以上も安泰でいられる可能性があるのです。ディール「取引」は金委員長の勝利と言えるでしょう。


日本のテレビニュースは残念ながら国際ニュースが少なく、突然の大きなニュースに驚く人がいます。今回の米朝首脳会談もそのひとつでしょう。

新聞の国際面には日頃から国際ニュースが出ているのですが、「いちいちチェックしていられないよ」という人もいることでしょう。そこで、この本の出番です。

世界のいまを知るためには、それぞれの国が置かれた地理的状況や歴史の理解が欠かせません。とはいえ、世界史に遡っての勉強はハードルが高いでしょう。この本では、国際情勢を理解する上で最低限必要な歴史について触れています。その点で「現代史」の本とも言えるのですが、歴史に特化したわけではなく、あくまで「世界を知る」基礎知識を提供しようと考えました。
世界はあまりに広く、新書1冊ではカバーしきれません。そこで、前編と後編に分けることにしました。機会を改めて出す後編は「アジア編」です。こちらも併せて読んでいただければ幸いです。

2018年6月

ジャーナリスト　池上　彰

池上彰の世界を知る学校　目次

一時限目

世界地図から見えてくる世界

二時限目

アメリカとはどのような国か

三時限目 EUの理想と現実

四時限目

ソ連からロシアへ

五時限目　中東問題の本質は「土地問題」

一時限目

世界地図から見えてくる世界

世界地図を思い浮かべてみよう

私の趣味は、世界地図を集めることです。

取材で世界中を回っている中で、各地で売っている世界地図を買い求めます。ホテルや空港、あるいは書店で手に入れる。大事なのは、取材先の地域で売っている「その地域の地図」ではなくて、取材先の地域で売っている「世界地図」を買うことです。

えっ、世界地図なんて、どこで買っても同じものなんじゃないの？　と思う方も多いでしょう。

でも、実は違うのです。**世界地図というのは、「買う場所」によって、まったく違った形をしているもの**なのです。

納得がいかないという人がいるかもしれません。では、世界地図を頭に思い浮かべてみてください。

どんな世界地図が思い浮かびますか。おそらく世界地図と聞いて思い浮かべるのは、左ページにあるような地図ではないでしょうか。

日本の世界地図

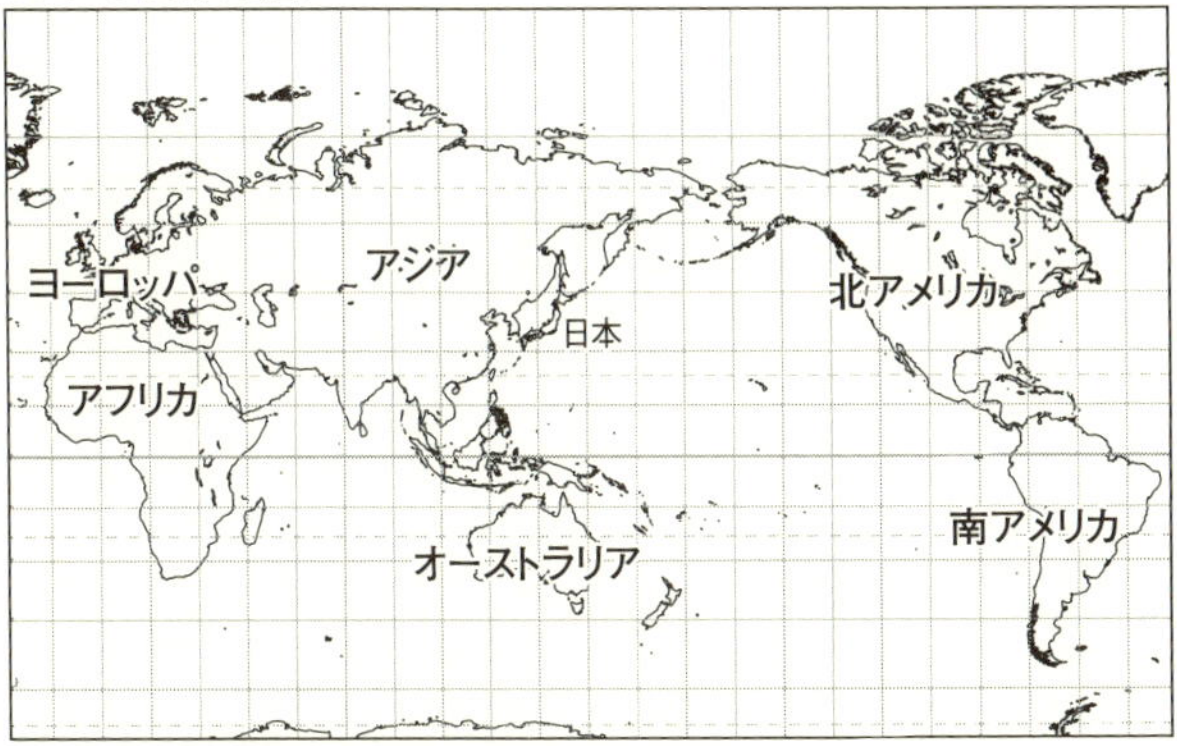

見慣れた世界地図。日本が中心にあります

日本が真ん中に描かれています。その左手にアジアがある。アジアのさらに左に辿っていくと、ヨーロッパが現れる。ヨーロッパの下には、地中海を挟んで、アフリカ大陸が描かれています。一方、日本の右側には、広大な太平洋があって、そのさらに右にはアメリカ大陸がある。上側は北米大陸、下側は南米大陸ですね。そして、日本の下には、オーストラリアがある。

世界地図というと、ほとんどの日本人は、このような形の地図を思い浮かべるはずです。小学校の教室の壁に貼られていたり、社会科の授業で配られる地図帳に載っていたりした世界地図は、このような描かれ方をされていたのではないでしょうか。

でも、実は、世界の中で、この体裁の世界地図を使っている人は、きわめて少数です。

考えてみてください。もし、日本で売られているものと同じような描かれ方をした世界地図を世界中の人が使っていたら、日本や日本周辺のことを「極東」と呼ぶでしょうか。むしろ「中央」あるいは「中心」といった呼ばれ方をしているほうが自然ですね。しかし、実際は「極東」と呼ばれている。ということは、**世界の一般的な認識では、どこかに「中心」があって、その地域から見て、日本は「極東」にある**ということになります。

また、日本の世界地図を眺めていると、「東西冷戦」という言葉も、イメージしにくい言葉になります。「東西冷戦」という言葉を使うときの「東側諸国」とは、ソ連（172ページ参照）や東ヨーロッパや中国のことを指します。一方、「西側諸国」とは、アメリカやイギリスやフランスを指す。でも、日本人の使っている世界地図で見ると、「東側諸国」とされているソ連や東ヨーロッパや中国は、日本の「西側」にあります。「西側諸国」についても、イギリスとフランスは確かに「西側」にありますが、アメリカは、日本の「東側」にある。つまり、日本の世界地図からは、「東西冷戦」という言葉は、読んだだけで中身がわかるような「うまい言葉」にはなっていない。しかし、この「東西冷戦」という言葉は（英語では、the East-West Cold War と言います）、世界中で使われています。

つまり、世界の「ある地域」にいる人たちからすると、「東西冷戦」という言葉は、字面を見ただけで中身をイメージできる「うまい言葉」になっているわけですね。

さあ、なんとなく「日本人の見慣れているものとは違う世界地図を見ている人たちが、世界中にはたくさんいるらしい」ということを想像できるようになってきたでしょうか。

この『世界を知る学校』では、まず、世界各地の世界地図が、どのような描かれ方をしているのかを紹介します。その世界地図を通して、その地域の人々が「どのように世界を見ているのか」を解説します。

「世界を学ぶ」ためには、日本人の目から見える「世界」を知るだけでは足りません。世界の各地の人たちが、どのように「世界」を見ているのか。それを学ぶことこそが、「グローバル」を学ぶということであり、ひいては「日本」を学ぶことにもなるのです。

さあ、世界の人たちは、どんな地図を見ているのでしょうか。

イギリスの世界地図が世界のスタンダード

次ページの地図をご覧ください。これはイギリスの世界地図です。

イギリスの世界地図

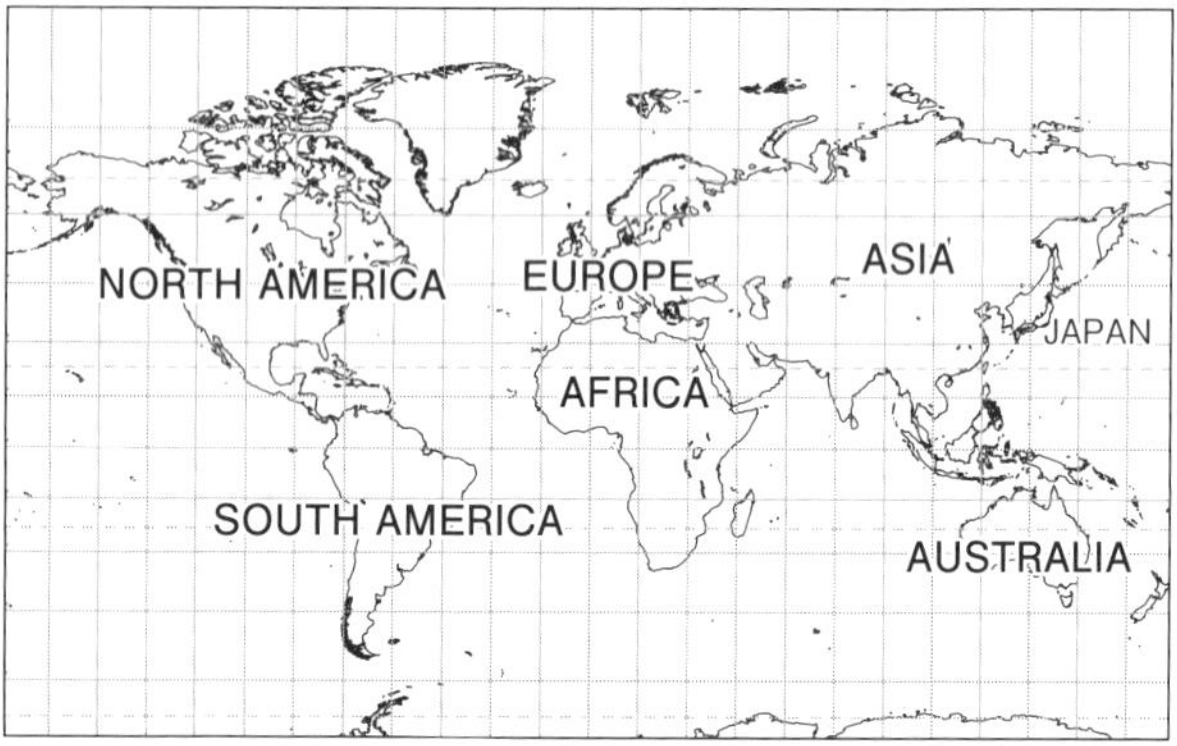

これが世界のスタンダード。イギリスが中心にあります

そうです、この地図が、**国際的に「スタンダード」とされている世界地図**ということになります。

この地図を見ると、なぜ、日本が「極東」と呼ばれているのかが、よくわかると思います。確かに、この地図では、日本は「東の端っこ」に位置しています。

また、「東西冷戦」という言葉も、非常に内容がイメージしやすい言葉に見えてくるはずです。イギリスの地図を見ると、確かに、ソ連、東ヨーロッパ、中国は「東側諸国」であり、アメリカは「西側諸国」になります。

それから、「五時限目」に詳しく解説しますが、「中東」という言葉も、どこの地域を指した名称なのかがわかります。中東というのは、西アジアとアフリカ北東部を指しますが、日本から見ると「西」です。しかし、イギリスから見ると、まさに「中くらいの東」に位置していて、「中東地域」と聞くだけで、場所をイメージすることができる。

では、イギリスにとって「東」と言えば、どこのことでしょう。

それはインドのあたりを指します。国で言えば、インドやパキスタン、バングラデシュ、スリランカなどになります。こうした国々がある地域は、かつてはイギリスの植民地でした。イギリスの人たちにとって、「東」と言えば、この植民地だった地域周辺のことを指すのです。

イギリスは、19世紀には「大英帝国」と呼ばれ、世界中に植民地を持つ大国でした。21世紀になった今、イギリスの影響力は、当時と比べるとだいぶ小さなものになっています。経済力でも軍事力でも、アメリカや中国、それからロシアと比べると、だいぶ見劣りする状況です。しかし、それでも、**現在世界中で使われている世界情勢を表現する言葉は、そのイギリスを中心として見た世界を基に作られている、**ということになります。

イランの世界地図にはイスラエルがない

では、ここからは、いくつか「中東」の国の地図を紹介しましょう。

まずは、イランの世界地図をご覧ください。

これは、私がイランの首都テヘランへ取材で旅行したときに、地図の専門店で買ってきたものです。

イランとイラクは、日本語のカタカナにしてしまうと名称が似ていることもあって、どちらがどちらの国だったか、混乱してしまいがちです。日本で使われる地図で言えば、東側（右側）に位置している大きなほうの国がイランで、西側（左側）に位置している小さなほうの国がイラクです。日本人からすると、「まぎらわしい」二国なのですが、実際の二国は、間違いでもしたら「一緒にされるなんてとんでもない！」と本気で怒るほど仲が悪い。それこそ日本にも、お隣の中国に対して複雑な感情を持っている人は多いようですが、世界中を見渡しても、隣同士の国は、たいてい仲がよくありません。イランとイラクも例外ではないわけですね。

この二国、国名の語源から考えると、まったく違う国だとわかります。

イラクというのは、「二つの川のあいだ」という意味の言葉です。チグリス川とユーフラテス川のあいだの肥沃な大地に文明が生まれ、それが国となった。その場所を指して、国名にしたわけですね。

一方の**イランは、「アーリア人の国」という意味**です。お隣のイラクもそうですが、周辺の国は、ほとんどが民族としてはアラブ人の国です（アラブ人とは、「アラビア語を話す人」というのが一般的な定義になります）。しかし、イランはペルシア人です（ペルシア人はペルシア語を使います）。ペルシア人というのは、もともとはアーリア人でした。遊牧生活を営んでいたアーリア人は、紀元前1000年頃に、肥沃な土地を求めて東へ移動します。そうしてインドのあたりに住み着いた人たちがペルシア人になったのです。彼らは、自分たちのことを「アーリア人」として大変に誇りに思っているわけですね。そこで、自分たちの国の名前も「アーリア人の国」としたわけです。

イランの世界地図（イスラエル周辺）

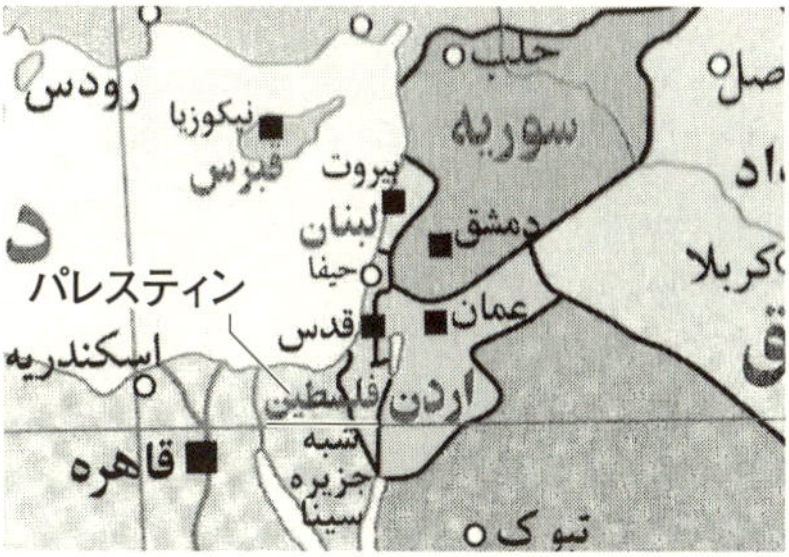

イスラエルの場所に「パレスティン」とあります

この二国が国内で使っている言語も違います。イランはペルシア語、イラクではアラビア語を使っています。面白いのは、文字はともにアラビア文字を使っている点です。アラビア語がアラビア文字を使うのはわかる。けれども、ペルシア語なのにアラビア文字を使うのはおかしいじゃないか、と思う人がいるかもしれません。ただ、少し考えてみると、英語でも、フランス語でも、ドイツ語でも、トルコ語でも、アルファベットを使いますよね。日本語にしても、もともと中国で作られた「漢字」を使っている。実は、「よその国で作られた文字を使って、自国語を表記する」というのは、世界的に見て、よくあることなのです。

地図の話に戻りましょう。

イランの地図には、イスラエルという国が描かれていません（ちなみに、イスラエル人たちは、ヘブライ語を使っていて、文字はヘブライ文字を使っています）。イスラエルの国があるはずのところには「パレスティン」と表記されています。日本語で言えば、「パレスチナ」です。単純に「ここはパレスチナ人の土地である」と書いている。この地図表記から、「イランは、イスラエルという国の存在を認めていない」ということがわかります。

パレスチナの人たちと同じイスラム教のイランからすると、「ユダヤ人がイスラエルという国を作ったために、大勢のパレスチナ難民が生まれて、この地が混乱してしまった。そんな国を認めるわけにはいかない」ということになります。そうした事情があって、イランの世界地図には、イスラエルが存在しないのです。

イランの核開発疑惑をめぐり、イスラエルがイランを激しく非難したり、間に位置するシリアをめぐってイランとイスラエルが対立するのを見ても、両国が険悪な関係にあることがわかります。

このように「現地で売っている世界地図」を分析してみると、その国が、世界に対してどのような「見方」をしているのかがわかってくるのです。

ヨルダンの世界地図には「空白」が

次はイスラエルの東に隣接するヨルダンの世界地図を見てみましょう。

この時は、なかなか手に入れることができずに、首都アンマンで探し回りました。文房具店でやっと見つけたのが、この地図です。

さきほど、イランはイスラエルという国の存在を認めていないと書きましたが、ヨルダンは、イスラエルという国の存在を認めています。国交も結んでいる。国の安全のため、

ヨルダンの世界地図（イスラエル周辺）

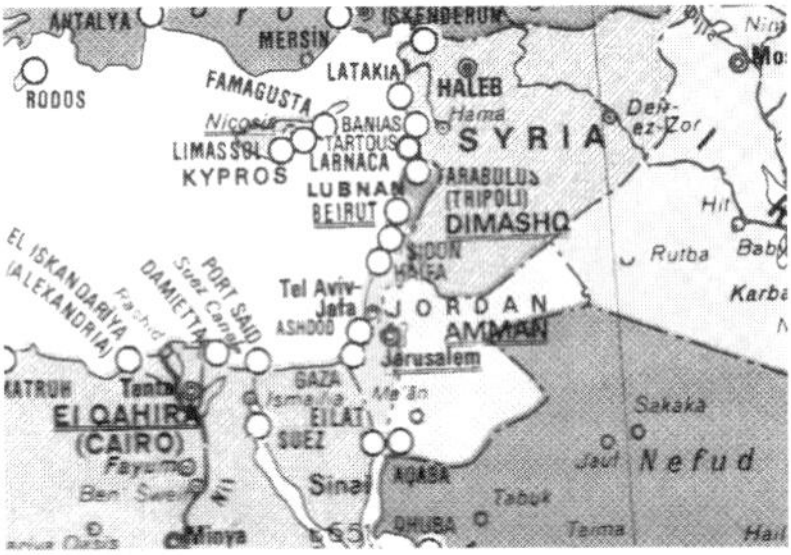

イスラエルの国名がありません

イスラエルを承認したのです。

しかし、**ヨルダンの国民の多くは、もともとパレスチナに住んでいた人たち**です。つまり、イスラエルという国ができたことによって、故郷を追われて、ヨルダンに逃げ込まざるを得なかった人たちです。ちなみに、ヨルダンの国王の奥さんもパレスチナ人です。彼女は大変な美人で、ヨルダンの国王との間に生まれた王女について、日本のインターネット上では「日本の佳子様とヨルダン王女のどっちがかわいい？」と話題にされるほどです。

とにかく、「イスラエルができたおかげで、自分たちは故郷を追われたんだ」という視点に立てば、ヨルダンの国民の多くは、「イスラエル」に対して、決して良い感情を持っていないということになる。

さて、ここで問題です。

もしあなたが、ヨルダンにある地図会社の社員で、世界地図を作る仕事をしていたとします。ヨルダンの人に気持ち良く世界地図を買ってもらわなければいけないとすれば、イスラエルという国を、どのような表記にしますか。

正解は、「国境に沿って色分けはしてあるけれども、イスラエルという『国名』は書かない」です。

エルサレムやテルアビブといった都市名や地名については表記してありますが、国名だけは書いていない。ここに何という国名が入るべきかは、「買った方がそれぞれ決めてください」ということですね。普通に考えると、国の名前が記載されていない世界地図というのは欠陥品です。しかし、いくら国交を結んでいるとは言っても、国民感情に複雑なものがあるという現実の中で、地図を発売しなければならない、ということで、ヨルダンの地図会社ではこのような工夫がなされているということです。

日本の世界地図でイスラエルの首都はどこ?

もともと、「イスラエル」が建国された地域には、イスラム教を信じるアラブ人が住んでいました。そこへ、ユダヤ教を信じるユダヤ人たちが入っていって、「イスラエル」という国家を作ったわけですね。

もともとアラブ人が住んでいた場所に、他の宗教の人が入ってきて、「ここを自分たちの国にしよう」というわけですから、当然そこでは紛争が起きます。

そこで国連は、1947年に「パレスチナ分割決議」をしました。パレスチナの地を「アラブ人の国」と「ユダヤ人の国」に分割しようと提案したのです。二つに分けた土地の「ユダヤ人の国」の部分に、「イスラエル」を作ればいいだろう、ということですね。

ただ、パレスチナには、エルサレムという宗教の聖地があります。このエルサレムは、ユダヤ教、キリスト教、イスラム教という三つの宗教の聖地になっています。エルサレムは、それぞれの宗教にとって、替えのきかない重要な土地だということです。

そこで国連は、エルサレムを**「国際管理都市」**にすると決めました。

だから、1948年にイスラエルという国ができたとき、首都は、エルサレムではなく、テルアビブに置かれたのです。日本を含め、世界各国の大使館もテルアビブに置かれました。ちなみに、大使館というのは、それぞれの国の首都に作るという大原則があります。日本であれば、アメリカ大使館もイギリス大使館も東京にあります。一方、領事館というのは、首都以外の主要都市に置かれます。

ところが、1967年の第三次中東戦争を経て、イスラエルは国連の決議に反して、エルサレムを併合してしまいます。そして、「エルサレムがわが国の首都だ」と宣言しました。

さあ、ここで、問題です。今、日本で売っている世界地図には、イスラエルの首都はどこ、と書いてあるでしょうか。

日本の世界地図（イスラエル周辺）

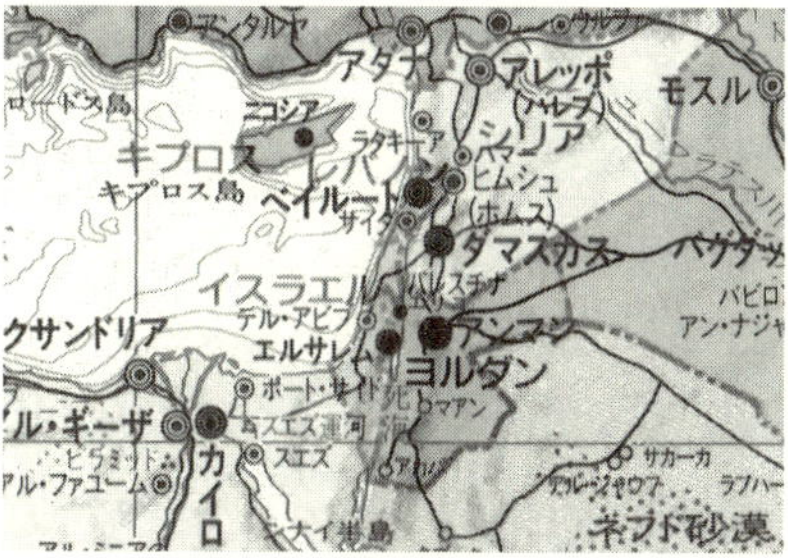

イスラエルの首都はエルサレムになっています

答えは、エルサレムです。

日本は、イスラエルの言い分を地図に反映しているということになります。外務省のウェブサイトにも、イスラエルの首都は「エルサレム」ということになっています。ただし、注釈もついている。「日本を含め国際的には認められていない」という文言が添えられているのです。

では、日本も含めて世界各国の大使館は、エルサレムにあるのでしょうか、テルアビブにあるのでしょうか。

答えはテルアビブです。これをもって、**「国際的には、エルサレムはイスラエルの首都とは認められていない」**

というメッセージを発していることになるわけです。

　大使館の場所の問題で、もっとも揉《も》めたのがアメリカです。

　アメリカでは、ユダヤ人が政財界に大きな影響力を持っています。「ユダヤロビー」と呼ばれている彼らの希望もあり、クリントン政権の時代に、アメリカ議会は「エルサレム大使館法」という法律を作りました。「アメリカの大使館をエルサレムに移す」ということを、法律で決めたわけですね。１９９５年のことです。

　ところが、もしそれを実行に移した場合、イスラエルが国連決議に反してエルサレムを不法に占拠しているのを、アメリカが承認するということになります。アメリカとしても、アラブ世界、イスラム世界を敵に回すことになる。そうすると、また中東戦争が起きかねない。そこで、クリントン大統領が打った手は、「法律は作るけれども、法律の施行については、大統領令をもって、半年間延期する」というものでした。つまり、先送りです。

　そして、その時から今まで、アメリカの大統領は、半年ごとに「この法律の施行を先送りする」という大統領令を出し続けてきました。ブッシュ大統領も、オバマ大統領も、この大統領令を出し続けたのです。ですから、**アメリカでは、法律としては「アメリカ大使館はエルサレムに置く」ということになっているのですが、現実的にはテルアビブにある**

という状態になっていました。

いわば、「究極の大人の対応」をしてきたわけですね。しかし、こうした状況をガラリと変えたのが、２０１７年より第45代アメリカ大統領に就任したドナルド・トランプ氏です。トランプ氏は選挙中に、「もし自分が大統領になった場合は、大使館をエルサレムに移す」という公約をしていました。この公約には、トランプ氏の個人的な思いもありました。

というのも、娘のイヴァンカの夫のクシュナーは正統派ユダヤ教徒で、イスラエルと非常に親密な関係にある人物なのです。娘のイヴァンカも、選挙中に「私のパパが大統領になったら必ず大使館をエルサレムに移します」とアメリカのユダヤ人たちに約束をしていました。トランプ大統領は、娘のイヴァンカとその夫のクシュナーの言うことはすべて聞くという人物なのです。

半年ごとに出している大統領令を出さなければ、トランプ大統領からすれば「何もしなくとも」自動的にアメリカ大使館がエルサレムに移ります。エルサレムには総領事館がありますので、「総領事館」と「大使館」の看板を付け替えるだけで、「エルサレムに大使館を置く」という公約を実現できるのです。

２０１７年12月６日、トランプ大統領が「エルサレムをイスラエルの首都とする」と発表すると、12月18日に国連の安全保障理事会は「アメリカの撤回を求める」という決議を出しました。しかし、常任理事国であるアメリカが拒否権を発動したために、廃案となりました。イギリスやフランスなどの西側諸国だけでなく、ロシアや中国まで「撤回に賛成」をしていたのに、アメリカが一国だけ「反対」をして、廃案にしてしまいました。

かくして2018年5月14日、アメリカ大使館はエルサレムに移りました。これにパレスチナはもちろん、周辺のアラブ国家も反発しています。そうなると、経済的観点から言えば、石油の価格が上がるでしょう。中東情勢が悪化すれば、石油の価格は上がります。**トランプ政権の周辺には、「紛争が起きるとお金が儲かる」と考える人がいるのです。**

大使館の場所を動かすだけでも、多くの国や人のさまざまな思惑が絡むということが、よくわかる事例だと思います。

台湾の地図に書かれた「中国」は何を指すか

次は、「時代によって地図は変わる」という話をしましょう。

ここでは、台湾の世界地図ではなくて、台湾で発行された「台湾周辺を描いた地図」を教材にします。「台湾」についての地図なのに、この地図には、「中華民国全図」と書いて

台湾で作られた台湾周辺の地図

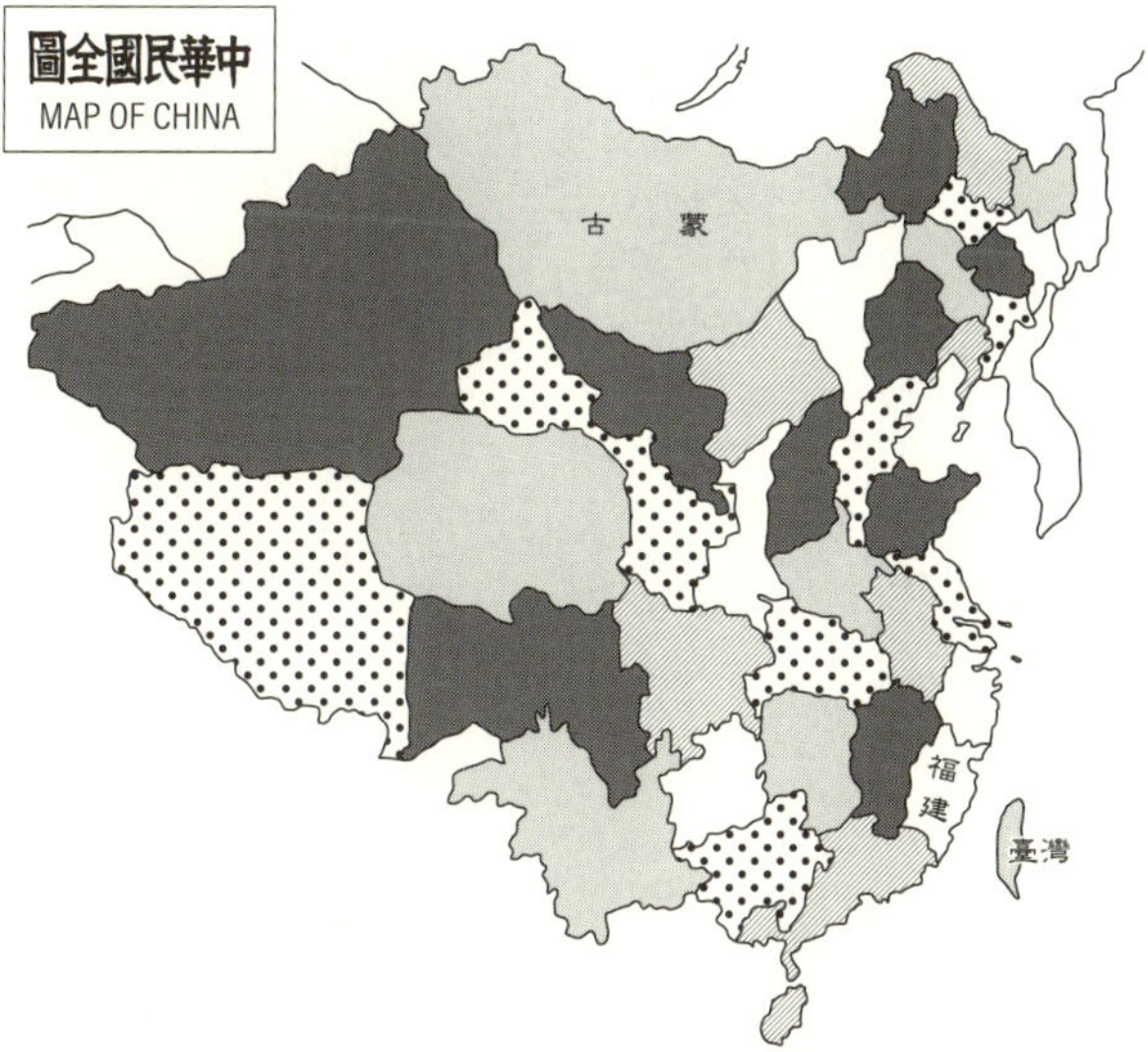

国民党が台湾に逃げ込んだ初期の頃に作られた地図。モンゴル（蒙古）も、周辺の島々も、すべて「中華民国」とされています

ありますね。まず、ここにはどのような意味が込められているのか。

　中華民国は、1912年に中国大陸に作られた共和国です。第二次世界大戦後、中華民国の与党であった国民党は、中国共産党に追われて、台湾に逃げ込みます。逃げ込んだ人たちからすると、「自分たちこそが正統の中国」であって、**「共産党の作った中華人民共和国」は、あくまで「後からできた非合法組織」**でしかないわけです。そうした経緯があるので、1949年に、国共内戦に勝利した毛沢東《もうたくとう》をトップとした共産党が、中国大陸に中華人民共和国を作った後も、台湾は「中華民国」を名乗り続けているのです。

この地図には、モンゴルも「台湾の一部」として描かれていますね。このことからこの地図が、中華民国が台湾だけを統治するようになった初期の頃に作られた地図だということがわかります。**中華民国初代総統・蔣介石《しょうかいせき》は、なんとか中国大陸にもう一度攻め上って「中国大陸に中華民国を打ち立てたい」という野望を持っていました。彼は「モンゴルも中華民国の一部だ」と考えていました。**ですから、彼が総統だった時期は、中華民国の地図会社は、このように記載するしかなかったというわけですね。

面白いのは、こうした「国に対する想い」が、地図の表記だけでなく、行政上のサービスにも影響を与えていたことです。

中華民国にとって、モンゴルというのはあくまで自国の一部でした。ですから、モンゴルの人が台湾に旅行に行こうとするときには、パスポートは使えませんでした。パスポートというのは、あくまで「国外」に行くときに使うものです。台湾にとってみれば、モンゴルの人が台湾へ来るというのは、「国内移動」になるわけです。ですから、そこで必要なのは、「パスポート」ではなく、特別に発行された「入境許可証」でした。

ただ、冷静に考えてみれば、やはりこれはフィクションです。

実際には、中国大陸には中華人民共和国があるし、モンゴルも独立国です。それでは、今の台湾の地図は、モンゴルと中華人民共和国について、どのように表記されているでしょうか。

モンゴルについては、モンゴルが独立国（モンゴル国）であるというのは国際的にも疑いようもない状況ですので、今の台湾の地図では、モンゴルは独立国になっています。

問題は、中国大陸の中華人民共和国についての表記です。「台湾は中華民国であり、大陸にあるのは中華人民共和国だ」ということにすると、中華人民共和国の存在を認めることになり、それは自分たちの国としてのアイデンティティを脅かすことになってしまう。困った地図会社は何をしたのか。

地図の名前を「中国全図」とし、中国大陸と台湾、そしてその周辺の島々のあたりを「中国」と表現した。略せば、中華民国も中華人民共和国も、どちらも「中国」ですから、どちらのことを指しているのかが曖昧になる。地図には、こうした工夫がちりばめられているのです。

中国の世界地図では、北方領土はどこの国のもの?

では、中華人民共和国で発行されている世界地図には、台湾はどのように記載されているのでしょうか。

中華人民共和国の世界地図には、「中華民国」は存在していません。「台湾島」と書いてあります。**「台湾」と表記するのではなく、わざわざ「島」の字をつけて、「台湾島」としてある。ここからは、「この島は独立国ではなく、あくまで中華人民共和国の中の一部分に過ぎない」という主張を読み取ることができますね。**

ここで、もう一つ問題を出します。国後《くなしり》、択捉《えとろふ》、歯舞《はぼまい》、色丹《しこたん》の北方四島いわゆる「北方領土」は、日本政府の立場としては、「ロシアが不法に占領している」としています。しかし、ロシアとしては、「自国の領土」ということになっています。さて、中国の世界地図では、北方領土は、どこの国の領土ということになっているでしょうか。

正解は、「日本の領土」です。

意外に思った方も多いのではないでしょうか。中国とロシアは、同じ社会主義国だった

中国の世界地図（日本周辺）

台湾は「台湾島」と表記、北方領土は、日本の領土になっています

ということもあって、仲が良いはずだから、中国はロシアの主張に与《くみ》しているはずだと考えた人も多いと思います。しかし、実際は、北方領土については、中国は日本の主張を認めているのです。

　ではなぜ、中国は、北方領土を日本の領土と考えているのでしょうか。

　ここで、国際情勢を理解するために、一つ覚えておいていただきたいキーワードがあります。それは**「敵の敵は味方」**というものです。

どういうことか。少し長くなりますが、詳しく説明しましょう。

まず、今でこそ中国とロシアは良い関係を結んでいますが、東西冷戦時代、ロシアがソ連だった時代には、1960年代から70年代にかけて中国とソ連は激しく対立していました。国境付近では両方の軍隊が実際に戦闘をして、大勢の戦死者も出していました。これは**「中ソ対立」**と呼ばれています。

なぜ、中国とソ連の仲が悪かったのか。大きなきっかけとなったのは、中国が核実験を成功させて、核兵器を作り始めたことです。核兵器を作るようになり、ソ連の言うことに耳を貸さないようになっていった。当然、ソ連は危機感を持ちます。「もし今後、中国と戦争するようなことがあれば、モスクワに核ミサイルが飛んでくる可能性がある。それはなんとしてでも防ぎたい。そのためにはまだ中国がたいした核兵器を持っていないうちに潰してしまえばいい」と考えるようになります。そうして、**アメリカに密かに声をかけた。「まだ中国の核兵器はたいしたことがないから、自分たちが一緒になって、中国を攻撃し、核兵器をすべて破壊してしまおう」という提案をしたのです。**

今から考えると、驚くべきことですね。当時は、東西冷戦時代です。アメリカとソ連はお互いに核兵器を持ってにらみ合っていた。そうした対立をしているにもかかわらず、ソ連は、対立するもう一つの国である中国を潰すために、敵対国であるアメリカに声をかけた。もちろん極秘裏に声をかけたわけですが、それを受けたアメリカはどう思ったのか。「しめた！」と思ったわけですね。アメリカとしては、中国とソ連が一緒になってアメリカに対抗するというのが最悪のシナリオです。それだけは避けたい。もし、中国とソ連が対立するようになれば、アメリカとしては有利になる。そう考えて、この話を「ニューヨーク・タイムズ」にリークします。「ソ連がアメリカに対して一緒になって中国を攻撃しようと提案」という記事が特ダネとして出ました。

さあ、中国はびっくりします。こうなると「いつソ連から攻撃されるかわからない」という危機感に苛まれるようになる。

そこで、中国は全土に巨大な地下都市を建設します。核シェルターですね。実は今でも、北京の天安門広場の地下には巨大な空間が存在しています。エスカレーターを使って、その空間に行くことができるようにもなっている。これは、もしソ連が中国に対して核攻撃をしてきた場合に、とりあえず逃げるために作ったものです。共産党の幹部たちと人民解放軍50万人を収容できるだけの空間が、今も存在しているのです。

さて、国同士が仲違いをしている時、多くの国は、国際的に「包囲網」を作ろうとします。ソ連も、「中国包囲網」を作ろうとしていました。中国の向かい側にはインドがあります。当時、中国とインドはにらみ合っていたので、東西冷戦時代、ソ連はインドを味方につけました。インドの港には、いつもソ連の軍艦が停泊しているという状態になった。

一方、中国は中国で、「ソ連包囲網」を作るためにあらゆる手を打ちます。1972年、アメリカのニクソン大統領は中国を訪問しました。同年、田中角栄首相も中国に行って日中国交正常化を成立させました。実はこの時期に中国と日本の友好的な関係が結ばれていったのも、根っこには「中ソ対立」があったということです。**毛沢東や周恩来《しゅうおんらい》が、「日本が好きだった」から国交が正常化したわけではありません。中国は「ソ連包囲網を作るため」に、日本やアメリカとの距離を縮めたのです。**日本は、北方領土問題でソ連と対立している。そうであれば、日本を味方につけるために「北方領土は日本のものだ」という日本の主張を認めた内容の世界地図を作っておこうということになる。そして、それが今まで続いているということです。

こうして、中国の地図では、北方領土は日本の領土ということになっています。

ところで、中国としては、これまた対立していたインドの包囲網も作らなければいけませんでした。中国は、インドのすぐ西側にあるパキスタンに目をつけました。インドとパキスタンは、両国北部にあるカシミール地方の領有権をめぐって何度も戦争しています。インドにとって、パキスタンは「敵」ということになります。どうも隣同士の国は仲が悪いことが多いのですね。さきほども書いた通り、「敵の敵は味方」です。中国にとっては、自分の敵であるインドの敵のパキスタンは「味方」ということになる。最近こそパキスタン軍の装備はアメリカ製が増えてきましたが、もともとはみんな中国製でした。今でも中国とパキスタンの仲が非常に良いのは、こうした背景があるのです。

もう一点だけ、中国の世界地図から読み取れることを紹介しておきましょう。

この地図に示されている中国とインドの国境線は、インド側に深く入っています。実は、この部分にも中国とインドの歴史が関わっています。

中国とインドは、1962年に中印戦争という国境紛争をしています。もともと、中国とインドは、ネパールとブータンを挟んで、国境が接していました。しかし、その国境線は山脈と重なっているところも多かったため、曖昧なものになっていました。そうした背景がある中で、1959年にチベットからチベット仏教の最高指導者のダライ・ラマがインドに亡命をし、インドがダライ・ラマを受け入れたことから、中国とインドの関係が極

中国とインドの国境線（中国の地図）

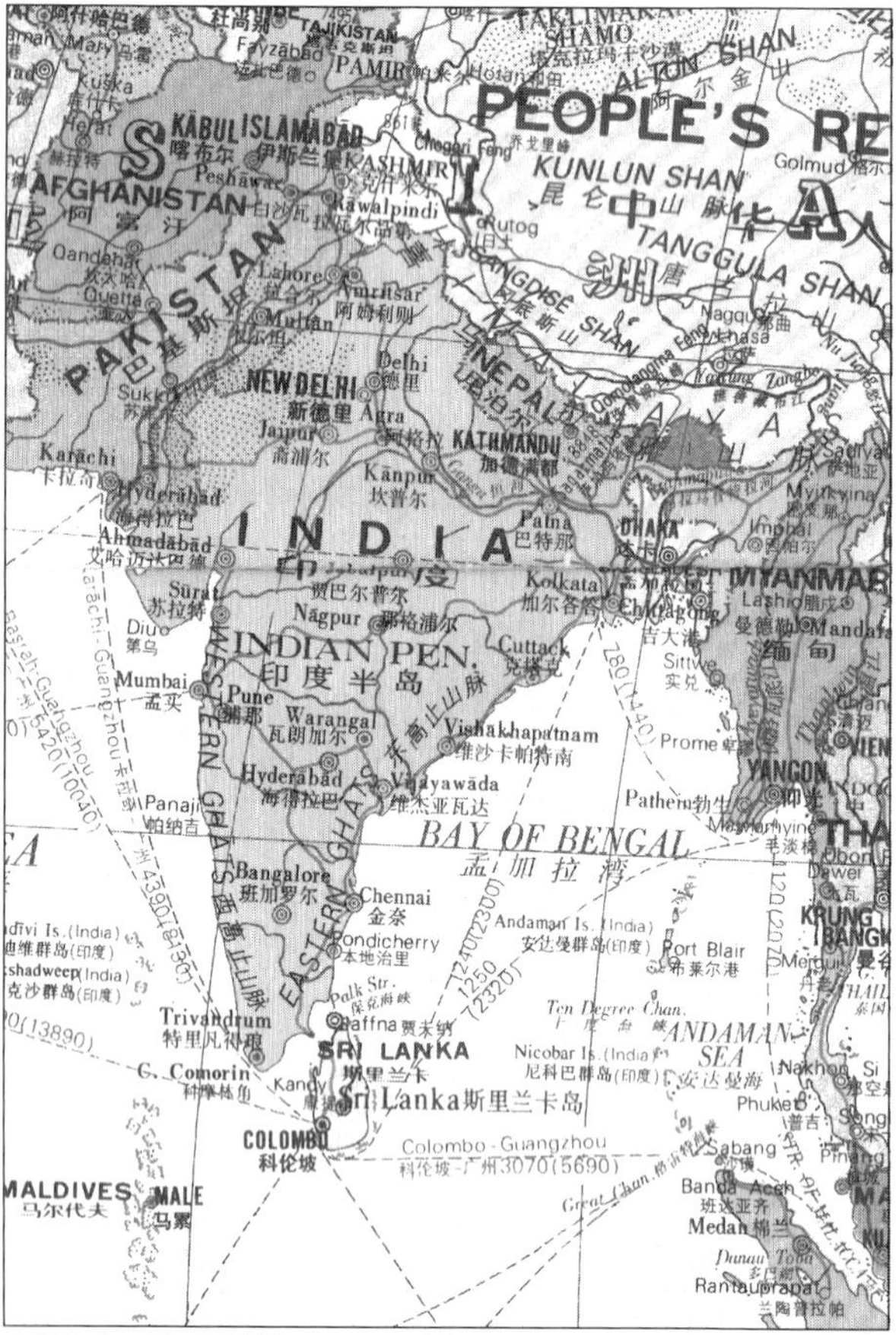

中国とインドの国境線は、インド側に深く入っています

度に悪化しました。中国は、「今の国境線を認めない。これはイギリス統治時代に勝手に引かれた国境線に過ぎない」といって、インドを攻撃し、インドも応戦したというわけです。

中国とインドの国境線（日本の地図）

中国とインドの国境線は二重の点線になっています

紛争後も、中国とインドの国境線は画定していません。だから、日本の地図では、中国とインドの間の国境線は、二重の点線で表示されています。それぞれ両国の言い分を示したものです。しかし、中国で売られている世界地図は、インド側に深く入ったところが国境線ということになっているのです。

ロシアの世界地図における北方領土

では、ロシアの世界地図では、北方領土はどのように表記されているでしょうか。

答えをお伝えする前に、まずは、ロシアの

世界地図（45ページ）を少し眺めてみましょう。いかがでしょう。ちょっと「見慣れない」感じがしませんか。

これはロシアで使われているキリル文字の影響です。キリル文字というのは、日本人も含めたいわゆる「アルファベット」に見慣れている民族からすると、「不思議な文字」と言えると思います。昔、ロシアの皇帝が「わが国にも文字が必要である」といってアルファベットを輸入しようとした。しかし、ヨーロッパからアルファベットを活字箱に乗せてサンクトペテルブルクまで運ぶ途中に、峠で馬が暴れてアルファベットの活字が散乱してしまった。慌ててかき集めたときに、アルファベットが裏返しになったり、ひっくり返ってしまったりした。だから、ロシアではおかしな文字を使っている……というジョークもあるほどです。もちろん、事実は違います。キリル文字のルーツは、アルファベット（ラテン文字）ではなく、ギリシア文字にあります。だから、「見慣れない」感じがするのです。

キリスト教社会は、4世紀に東ローマ帝国と西ローマ帝国に分かれました。以後、西ローマ帝国はカトリックを、東ローマ帝国は東方正教会を国教とします。

東方正教会の影響は、ギリシアからだんだんと北上していきます。そして、ロシア正教となります。この文字がロシアに入ったところで、今のキリル文字になったというわけです。

さて、話を戻しましょう。ロシアの地図を見ると、北方領土はどこの国の領土とされているでしょうか。答えは簡単ですね。

はい、そうです、ロシアの領土ということになっています。**ロシアの人たちからすると、ここは「戦争で勝ち取った自分たちの領土」**というわけです。

ちなみに、日本では**「北方領土」**と呼ばれていますが、ロシアでは**「南クリル諸島」**と呼ばれています。

ロシアの世界地図（北方領土周辺）

北方領土は、もちろんロシアの領土になっています

実は、この件について、ロシアの連邦議会で一騒動起きたことがあります。議場の中にある売店で地球儀を売っていたので

すが、この地球儀が中国製だった。ロシアの議員が売店で売っている地球儀を眺めていて、ふと南クリル諸島を見ると、日本の領土の色に塗ってある。中国製ですから、北方領土は「日本の領土」とされていたんですね。さあ、議員は怒りました。「わが国の議会で売られている地球儀で、南クリル諸島が日本の領土ということになっている。これはどういうことだ！」と議会で問題にした。それ以来、中国製の地球儀は議会からは撤去されたそうです。地球儀や世界地図は、価格が多少安いからといって、輸入ものを仕入れたりすると、売り場所によっては、とんでもない大問題になるおそれがあるということですね。

韓国の世界地図には「日本海」が存在していない？

韓国の地図（次ページ）を見てみましょう。国名や地名はハングルで表記されていますね。

ところで、「ハングル文字」というのは間違いです。ハングルという言葉は、「偉大なる文字」という意味なんですね。「ハングル」という言葉の中に、すでに「文字」という意味が込められている。だから「ハングル文字」としてしまうと「偉大なる文字文字」ということになってしまうので、それは間違いということになります。

さて、**韓国の世界地図の特徴と言えば、「日本海」が存在していないということ**でしょう。

日本の地図で**「日本海」**とされている場所には、ハングルの下に英語で「East Sea」と書いてある。つまり、韓国としては、この場所を**「東海《トンヘ》」**だと主張しているわけです。

韓国の世界地図（日本海周辺）

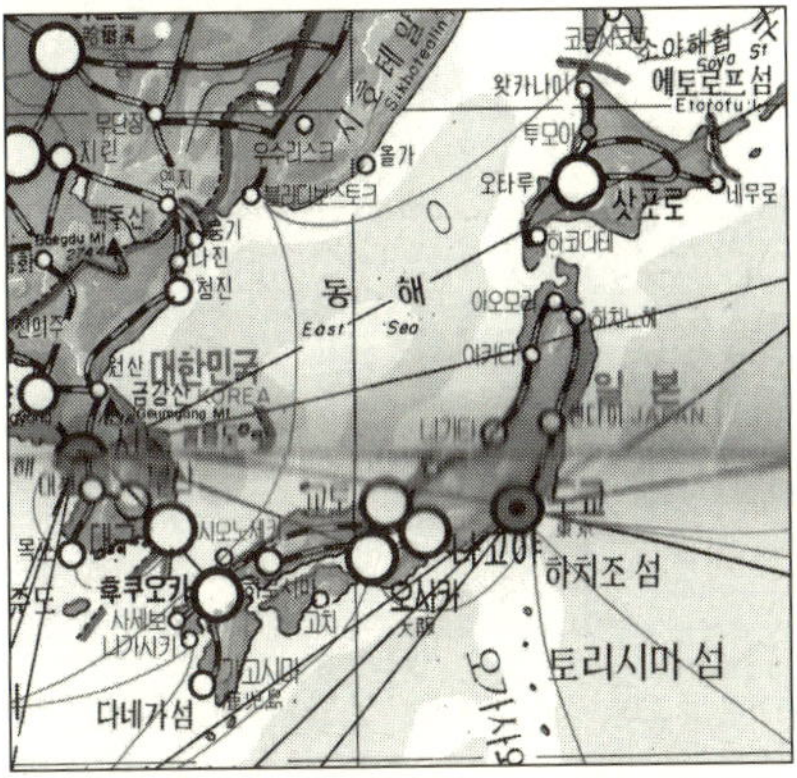

日本地図でいう「日本海」が「East Sea（東海）」になっています

「日本海」では日本の海のようだというわけです。韓国は、世界中の地図会社や国際機関に対して、「ここをSea of Japanではなく、East Seaと書いてほしい」と働きかけています。その結果、いくつかの国の地図では、Sea of Japan（East Sea）といった表記がされていたりします。

かつてタイ国際航空で問題が起きたことがありました。飛行機の中には、「今、この飛行機がどこを飛んでいるか」を表示する世界地図がありますよね。タイ国際航空の飛行機の中にあった地図には、日本と韓国の間の海を Sea of Japan と表示していた。バンコクからソウルに向かう飛行機に乗っていた韓国人が、そのことに気づいて、タイ航空ボイコット運動をしたのです。「Sea of Japan を East Sea と表記し直すまで、韓国人はタイ航空に乗るのはやめる」という運動をした。その結果、タイ航空は「Sea of Japan」の表記をやめてしまったのです。

私は、こうした経緯を知った時に、他の国際線では、どのような世界地図を使っているのかを確かめたくなりました。そこで、中東へ取材に行った帰りに、ドバイ発のエミレーツ航空の機内の地図は、どう書いてあるか調べてみました。

すると、**「日本海」の部分には、何も書いていませんでした。**

韓国にとっては「東の海」かもしれませんが、日本の秋田から見れば「西の海」です。もっと言えば、同じ日本の島根や鳥取から見ると「北の海」になる。もし、世界中の地図で統一した表記が欲しいのであれば、「自国からどう見えるのか」だけでなく、「他国からはどう見えるのか」を考えて地名をつけなければいけない、ということですね。

ちなみに、この「海を何と呼ぶのか」という問題は、世界中の地図会社の頭を悩ませています。例えば、UAE（アラブ首長国連邦）の世界地図には、私たち日本人が「ペルシア湾」と呼んでいるところは、「アラビア湾」と表記しています。「ペルシア湾」と呼んでしまうと、「イランの海」ということになってしまう。アラブの国々は、「ここはイランの海じゃない、俺たちの海だ」と主張しているわけです。ですから、もし、読者のみなさんがアラブの人たちと話すときに「ペルシア湾」と呼ぶと、相手が怒り出す可能性がありますので、お気をつけください。

では、中東情勢について中立的に報道する新聞記事では、多くの場合、どのような表記になっているでしょうか。

答えは、「The Gulf」。

ただの「湾」と書くことで、中立性を保とうとしているわけです。

イギリスとアルゼンチンが同じ色で塗られている理由

さて、私はまだアルゼンチンへ行ったことがありません。

ここでご紹介するのは、お土産として買ってきてもらった世界地図です。最近は、私の趣味が「世界地図集め」だと知る方も増えてきたようで、お土産に買ってきてくれる方もいるのです。53ページの左の地図は、そのうちの一枚ですね。

アルゼンチンというのは、国民一人あたりの牛肉消費量が世界一、つまり、世界一牛肉が好きな国民がいる国です。

さて、アルゼンチンの牛肉はとにかく柔らかくておいしいそうです。アルゼンチンの東側に島々があるのですが、ここは、アルゼンチンの世界地図では**「マルビナス諸島」**と記され、アルゼンチンの領土ということになっています。しかし、イギリスの世界地図では、ここは**「フォークランド諸島」**という名前で、イギリスの領土ということになっています。

アルゼンチンは、今でこそ民主化されていますけれども、かつては軍事政権国家でした。軍事政権ですから、特に何も手を打たないと、国民からの評判は日に日に悪くなります。国民からの人気が芳しくない状態になると、独裁者は何をするのか。「外」に、敵を作ることになります。

アルゼンチンの軍事政権が目をつけたのが、このマルビナス諸島でした。

1982年、イギリス人が住んでいるフォークランド諸島を、突然、「ここは自分たちの領土だ」と言って、攻撃し、占領してしまいます。当時のイギリスの首相は、「鉄の女」と言われたサッチャーでした。サッチャーは直ちにイギリスの軍隊を送って、「フォークランド諸島をアルゼンチンから奪い返せ！」という命令を出そうとします。

ところが閣僚たちは逡巡《しゅんじゅん》します。

イギリスは日本と同じ議院内閣制を採用しています。ですから、いくら首相が「こうしよう！」と思っても、内閣での閣議決定を経ないと軍隊を出すことはできない。サッチャーは、「イギリス軍をフォークランド諸島に送る」と閣議決定しようとしますが、閣僚たちは「軍隊を送ってしまったら、アルゼンチンと戦争になってしまう。戦争は避けるべき」と消極的だったのです。それに対してサッチャーは、閣僚たちをギロリと睨《にら》んで、「この中に男はいないのか！」と言ったという逸話が残っています。

どうやら男はサッチャー一人だったようですが、とにかく、サッチャーのその一言でシュンとなった閣僚たちは、サッチャーの言うことを聞いて、イギリス軍のフォークランド諸島行きを閣議決定します。

この話にはさらに続きがあって、当時イギリス軍は兵員を送る船を持っていなかった。そこで豪華客船クイーンエリザベス2世号をチャーターし、ここに兵隊を乗せてフォークランドまで送ったんですね。豪華客船に、これから戦争に行く兵隊が大量に乗っているわけですから、これはさぞ迫力があったことでしょう。

結果として、アルゼンチン軍はイギリス軍に負けました。これをきっかけにアルゼンチ

ンの軍事政権は崩壊していくことになります。ただ、今でもアルゼンチンとしては、「マルビナス諸島はアルゼンチンの領土だ」ということで、アルゼンチンの地図では、自国の領土ということになっているわけです。

さて、ここで問題です。

もし、自分がイギリスともアルゼンチンとも仲良くしたい国の地図会社の社員だとします。さあ、ここの島をどのように表現すればいいでしょうか。

答えは、「イギリスとアルゼンチンを同じ色で表現して、その色を塗る」です。

数学の世界に、「４色問題」という有名な問題があるのをご存じでしょうか。「地図で隣り合った国を違う色で塗り分けるためには、最低、何色必要か」という証明問題なのですが、これの答えは「４色」なのです。「４色」使えば、どんなに複雑に境界線が絡み合っていても、必ず、隣り合った国を別の色で塗り分けることができる。

だから、国連加盟国１９３カ国を世界地図で表現しようとしたとしても、１９３色に塗り分ける必要はありません。最低限「隣り合った国は違う色にする」ということであれば、「４色」あればいいということになる。もちろん、４色しか使わないとなると、どうしてもわかりにくくはなるので、一般の地図では４色以上の色を使うわけですが、１９３色使

アルゼンチンの地図

アルゼンチンの地図では、アルゼンチンの東にある島々は「マルビナス諸島」。
アルゼンチンとマルビナス諸島が同じ色になっています。イギリスとは違う色です

イギリスの地図

イギリスの地図では、アルゼンチンの東にある島々は「フォークランド諸島」。
イギリスとフォークランド諸島が同じ色になっています。アルゼンチンとは違う色です

う必要はないのです。

イギリスとアルゼンチンは、幸いにも遠く離れています。この二国が同じ色で表現されていても、見にくくなることはありません。もし、あなたがイギリスともアルゼンチンとも友好関係を保っておきたい国の地図会社の社員であれば、イギリスとアルゼンチンを同じ色にして、問題の島も同じ色で塗った世界地図を作ればいいのです。

実際に、いくつかの世界地図を見てみると、アルゼンチンとイギリスが同じ色で塗ってあります。

宇宙から見た世界地図に描かれていないものとは?

いかがでしょう。こうして、さまざまな国の世界地図をじっくりと見ていくと、世界のことが、よく読みとれることを体感していただけたのではないでしょうか。

ここからは、いくつか、おまけの地図を紹介しましょう。

左にあるのは、オーストラリアの世界地図です。もちろん世界の中心は、オーストラリアになります。

ただ、この地図には、注意書きがありますね。「南北が逆だ、というクレームは受け付

オーストラリアの世界地図

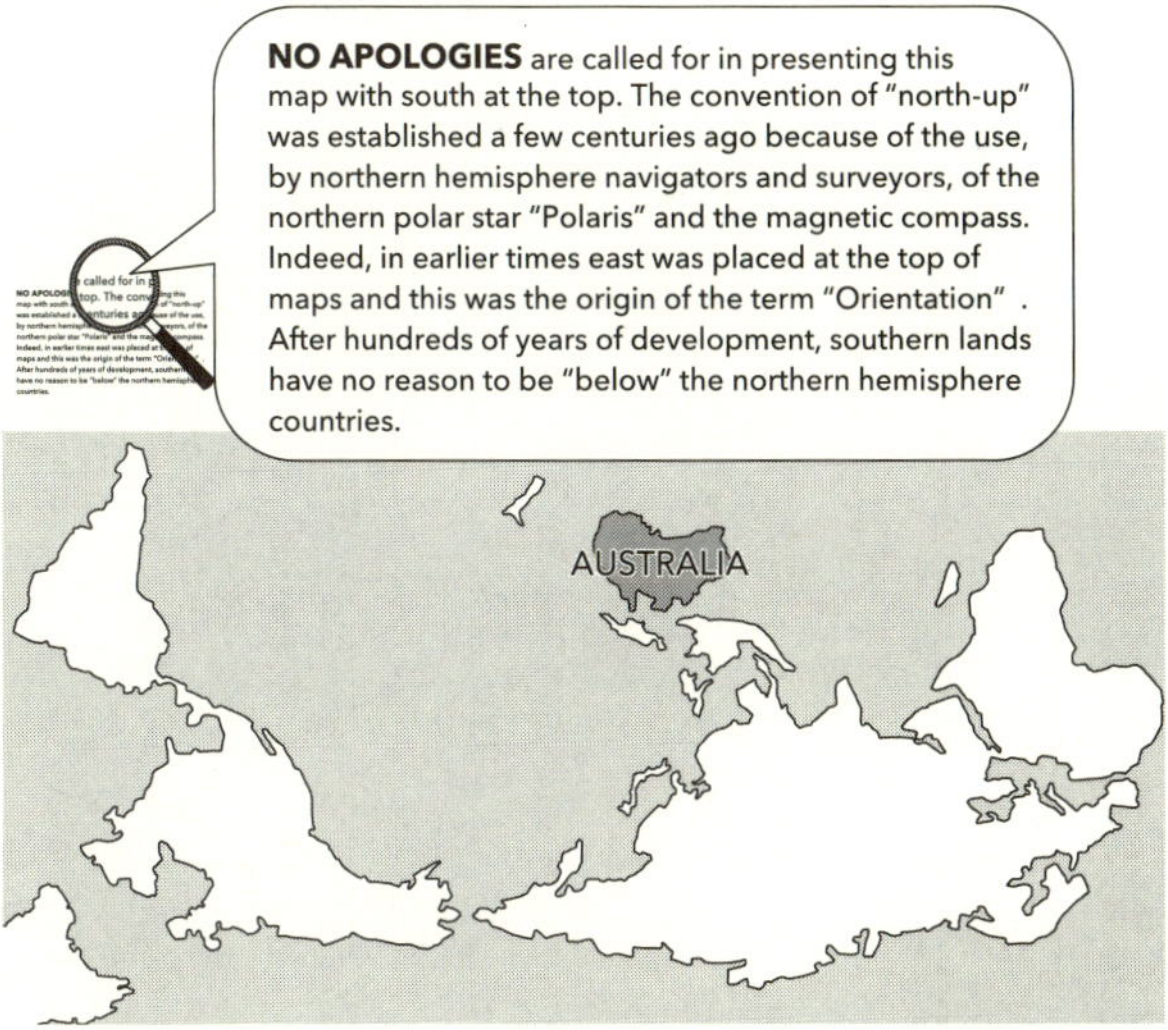
NO APOLOGIES are called for in presenting this map with south at the top. The convention of "north-up" was established a few centuries ago because of the use, by northern hemisphere navigators and surveyors, of the northern polar star "Polaris" and the magnetic compass. Indeed, in earlier times east was placed at the top of maps and this was the origin of the term "Orientation" . After hundreds of years of development, southern lands have no reason to be "below" the northern hemisphere countries.
AUSTRALIA

「南北が逆だ、というクレームは受け付けない」という注意書きのあるジョークの地図

けない」と書いてある。これはジョークの地図ですね。つまり、それぞれ世界の国々は、自分の国を中心に据えて作っている。では、オーストラリアを世界の中心にするにはどうしたらいいだろうか。南北を逆転させればいいというわけですね。これは、オーストラリアの土産物店で売っています。もし旅行に行ったときは、買ってみたらいかがでしょうか。

　そして56ページの地図は、ドイツとオーストリアで使われている子ども用のデスクマットで

す。

　小学生になるときに、ご両親あるいはおじいさんおばあさんから、学習机を買ってもらう場合がありますね。子ども用の学習机には、一緒に卓上の地図が付いていることが多いのですが、これは、まさにそこで使われている世界地図です。それぞれの国の特徴がイラストで描かれています。

　日本の部分には、どのようなイラストが描かれているでしょうか。

ドイツの子ども用世界地図（日本周辺）

日本のステレオタイプなイメージがそのまま描かれています

　芸者、お相撲さん、忍者、広島にキノコ雲ですね。どうですか、がっかりしませんか。これは、２０１７年のドイツとオーストリアで使われている新しい学習机の地図です。日本と言えば、いまだに忍者に芸者にお相撲さんの国なのです。

ただ、ドイツとオーストリアの人たちだけを責めるわけにはいきません。私たち日本人も、ドイツといったら何を思い出すか。多くの人は、ビールとソーセージしか思いつかない。ドイツ人は、みんなビール好きだと思っている。でも、ビールの嫌いなドイツ人だっているのです。

私たちはステレオタイプなものの見方に支配されています。

「あの国はこういう国だ」という自分の中のイメージから、なかなか外に出ていくことができない。でも、世界の本当の姿は、みなさんの頭の中にあるイメージとは違うのです。

アフリカには、見渡す限り、野生動物がいるのかと言えば、そうではないのです。野生動物保護区というものがあり、街から何十キロと離れたところまで行かないと、ライオンやキリンを見ることはできません。日本には、都市にたくさん動物園があるので、日本にいる私たちのほうがよほどライオンやキリンを見やすいとも言えます。

気をつけていないと、ステレオタイプなものの見方に、つい汚染されてしまいます。**ぜひ、実際に自分の目で世界中を見て、実際に世界中の人たちと話をしてみて、世界の生の姿を感じとってみてください。**国際理解というものは、そうして少しずつ進んでいくものだと思います。

宇宙から見た世界地図

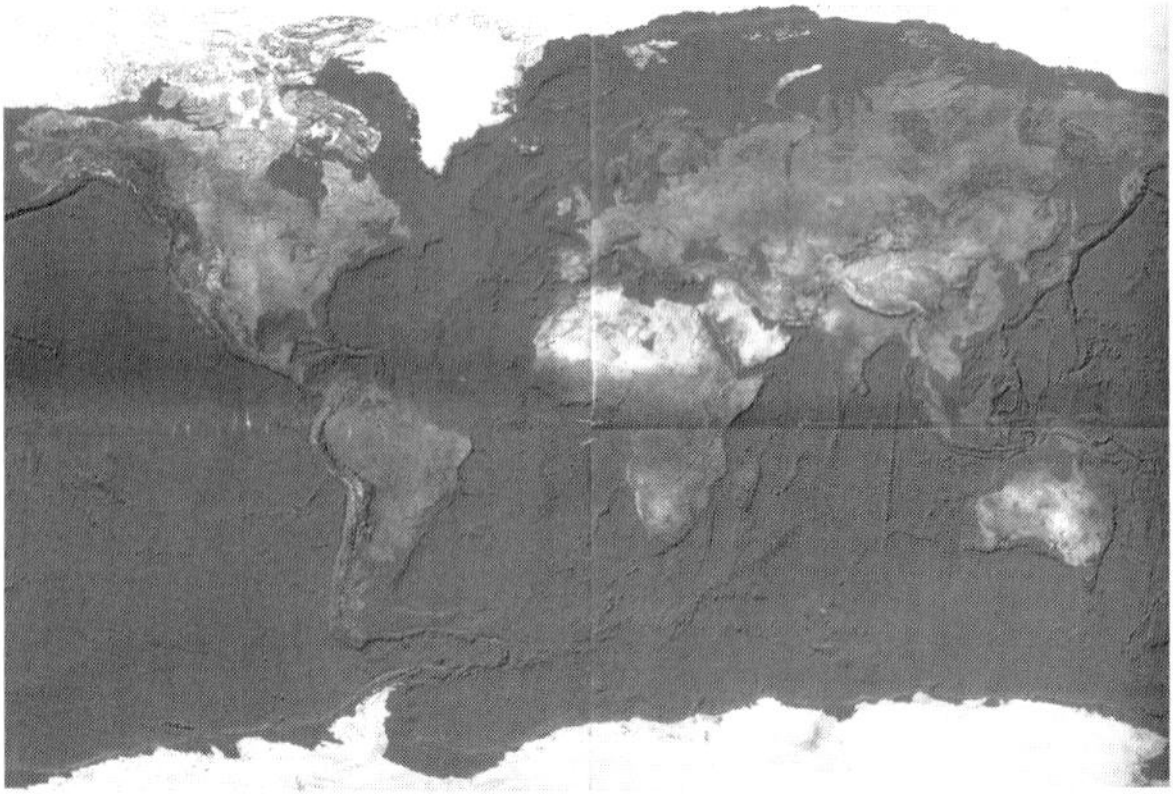

国境線はありません

さて、一時限目の最後に紹介するのは、宇宙から地球の写真を撮り、それを合成して作った世界地図です。

当たり前のことですけれども、宇宙から見た地球には「国境線」などありません。地球上では、人間たちがいろいろな線を引いて、喧嘩したりしていますが、宇宙から見れば、そうした「線引き」などない。国際問題は、瑣《さ》末《まつ》な問題ではありませんが、どこか頭の片隅に「宇宙から見たら、国境線などない」ということを覚えておくことも大切なことだと思います。

二時限目
アメリカとはどのような国か

アメリカは衰えたのか

世界を知る上で、まずはアメリカについて知っておく必要があります。この時間は、さまざまな側面から、「アメリカとはどのような国なのか」について解説していきます。

近年、「アメリカの力は衰えた」と言われています。冷戦時代のアメリカとソ連の二強時代、その後の一強時代と比べて、世界への影響力は後退している、とされています。確かに、中国の目覚ましい台頭によって、アメリカの力は相対的に衰えていると言えるかもしれません。また、オバマ前大統領が「アメリカは世界の警察官ではない」という発言をし、トランプ大統領も「アメリカ第一主義」を掲げている通り、「世界中で起きている面倒ごとに、ことごとく首を突っ込んでいる余裕はもうない」と、アメリカ自身も自らの力の衰退を暗に認めていると言っていいでしょう。

しかし、それでも、2018年現在、アメリカの世界各国に対する影響力はまだまだ強大であると言わざるをえません。TPPをはじめとした経済連携、温暖化対策、中東問題、北朝鮮問題など、世界各国が注目しているトピックのほぼすべてにアメリカが絡んでいて、アメリカの動き方一つで情勢は変わっていきます。「世界の行く末を考える」ために、「アメリカを知る」ことの重要度はまったく下がっていないのです。

このアメリカの舵を取っているのが、アメリカ大統領です。

アメリカのトップであるアメリカ大統領は、他の国のトップとはいささか違った特徴があります。この「違い」を知ることは、アメリカという国の理解を助けることになると思いますので、「アメリカの大統領制」について、少し丁寧に説明していきます。

「大統領」と「首相」の違い

「国の最高権力者」と聞いて、二つの役職名が思い浮かぶと思います。「大統領」と「首相」ですね。「国王」も最高権力者の一人であることがありますが、「国王」は、いわゆる選挙などで選ばれる「役職」とは少し違う立場ですので、ここでは除いて考えます。

さて、「大統領」と「首相」、この二つの役職の「違い」はどこにあるのでしょうか。

まず、**首相というのは「行政のトップ」**に与えられる役職です。一方、**大統領は「国家元首」**に与えられる役職です。

つまり、「大統領」も「首相」も、どちらも同じ「最高権力者」のイメージで語られることの多い役職ですが、実は根本的なところで、求められている働きが違います。

首相は、あくまでも「その国で政治を実際に行う人間」の中でもっとも権力を持つ人ということになります。国家元首は、「国民統合の象徴」となる人ということになるわけですね。

「国民から選ばれた人間」が強い権力を持つ

ですから、**「大統領」と「首相」の二人がいる国もあります。**

例えば、韓国がそうですね。まず大統領が国民からの直接選挙で選ばれます。その後で大統領が首相を選び、国会に「この人を首相に選びたいと思うけれども、いいですか」という「首相任命同意案」を提出します。無事、国会の同意を得ることができれば、首相が決まるという手順になっています。

ロシアも似たような制度になっています。国民からの直接選挙で選ばれた大統領が首相を任命する。その時に、一応、国会に「お伺いをたてる」というわけですね。

また、フランスでは、まず大統領が国民からの直接選挙によって選ばれます。ここまでは韓国やロシアと同じですね。ただし、大統領が首相を任命する場合は、もっとも多くの議員を有する与党の国会議員の中から選びます。このため、大統領と政策的に対立する人

「大統領」と「首相」の違い

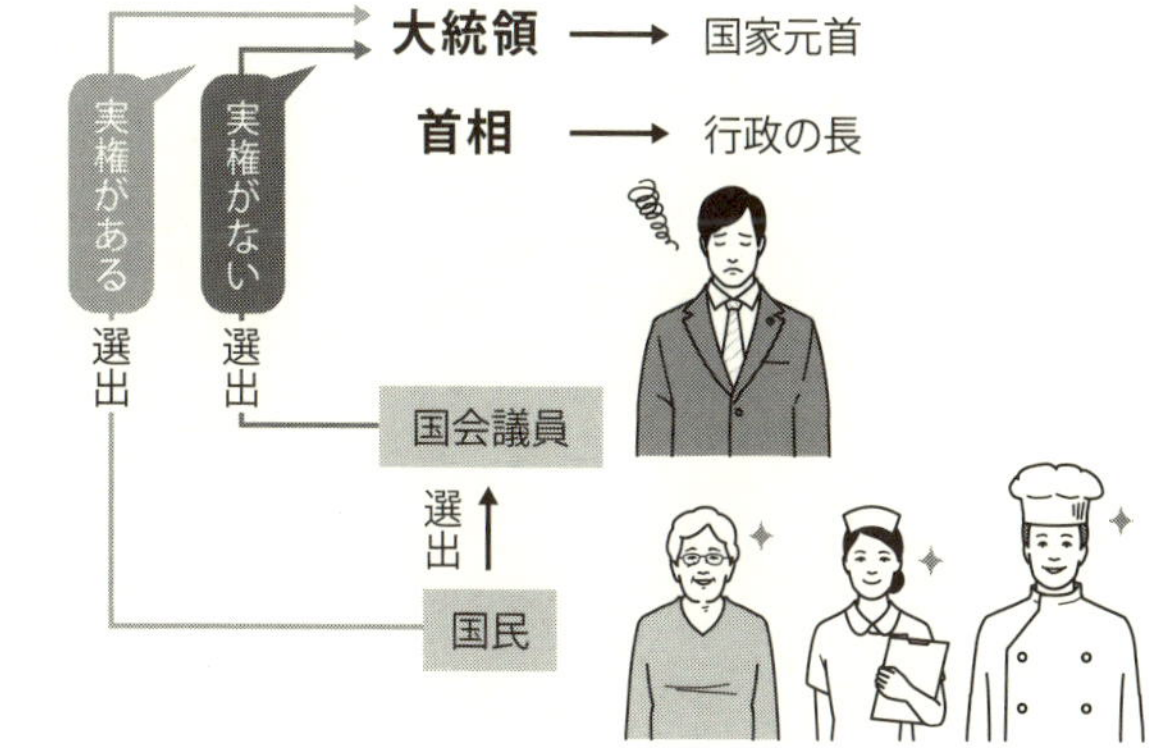

が首相になることもあります。大統領にとっては少し窮屈な制度かもしれませんが、大統領の暴走を抑えることができるというのが狙いです。

今紹介した、韓国、ロシア、フランスは、「大統領」と「首相」の両方がいるのですが、「大統領」が政治の表舞台に出てくるタイプの国です。ですから、2018年現在の韓国の文在寅《ムンジェイン》大統領、ロシアのウラジーミル・プーチン大統領、フランスのエマニュエル・マクロン大統領と、それぞれの顔がすぐに浮かぶ方も多いと思います。

一方で、ドイツの大統領の名前を聞かれて、すぐに答えられる人は少ないのではないでしょうか。ドイツでは、主に首相が政治的実権を持っています。2018年現在はアンゲラ・メルケル首相です。こちらは顔が浮かびますね。ちなみに、インドもイスラエルも首相が政治的実権を握り、表舞台に出てくるタイプの国です。これらの国では、大統領は、国家元首であることには違いないのですが、あくまで「国民統合の象徴」としての国家元首ですから、政治の現場にはあまり出てこない。ニュースにも出てこない。だから、国のトップでありながら、外国人からは知られていないのです。

ドイツ、インド、イスラエルでは、まず国民が選挙で国会議員を選びます。この国会議員を一番多く抱える政党の党首が首相になります。これが「議院内閣制」ですね。日本もこの議院内閣制を採用しています。この政治システムを採用している国では、多くの場合、首相が強い権力を持つことになります。一方、大統領は、国会議員の中から、議員たちが間接選挙で大統領を選ぶ形になります。すると、ほとんどの場合、この大統領には、政治的に実権はないことになる。

つまり、基本的には**「国民から選ばれた人間」が強い権力を持つ**ことになります。韓国、ロシア、フランスでは、大統領が国民から選ばれるので、大統領は大きな権力を持つことになる。一方、ドイツ、インド、イスラエルでは、国会議員が国民から選ばれるので、国会議員の中から選ばれる首相が大きな権力を持つことになるのです。

「大統領」だからと言って、必ず「首相」よりも「大きな権力を持っている」というわけではありません。国によって「政治的実権を持っている国家元首」である場合と、「政治的実権を持っていない国民統合の象徴としての国家元首」である場合があるということです。

大統領のいない国々

一方で「首相はいるけれども、大統領がいない」という国もあります。

イギリスはその一つですね。では、イギリスの国家元首は誰でしょうか。もちろん、エリザベス女王です。**国王あるいは女王がいる国に、大統領はいません。**イギリスしかり、ベルギーしかりですね。スウェーデンもノルウェーもデンマークもオランダも、大統領はいない。いずれも国王あるいは女王がいる国です。ヨーロッパの伝統的な国々では、もと国王が絶対的な力を持っていました。現代でも、国王あるいは女王が「国家元首」としての役割を果たしているというわけです。

そうしたヨーロッパの国々の中で、イギリスの場合は、特殊な事情を持っています。「国王といえどもコモン・ロー（イギリスの伝統や慣習）の下にあるということを示したマグナ・カルタの制定（1215年）」や、「議会政治の基礎を築いた名誉革命（1688〜1

689年)」などを通して、市民が国王の権力を少しずつそぎ取ってきました。その結果として、**「国王や女王は、存在するけれども、政治的な力を持たない。国民によって作られた憲法を守らなければいけない」**という**立憲君主制**を採用するに至っているのです。

ところで、さきほど紹介したフランスやロシアにも国王あるいは皇帝がいたはずなのに、なぜ大統領を置かなければいけなくなったのでしょうか。それは、市民が国王を殺してしまったからですね。国王の首を切ってしまったフランス、あるいは皇帝一族を皆殺しにしたロシアでは、国王、そして皇帝がいなくなってしまった。ですから、選挙で大統領というものを、国家元首として新たに選び直しているのです。

ここで雑談を一つ。イギリスの場合は、「国王の権力を、市民は革命で奪い取ってきた」と書きました。この「国王」と「市民あるいは議会」は対立していたという歴史の名残が、今も残されています。国家元首であるエリザベス女王は、議会が始まる時に、議会に出向いて開会の宣言をします。しかし、国王と議会は対立をしていたわけですから、エリザベス女王が議会に行けば、議会の議員たちに捕まって監禁されてしまうかもしれない。国王と議会は、そういう緊張関係にあったということを伝統として残すために、エリザベス女王が議会に行って演説をするときには、必ず議会側から一人の議員をバッキンガム宮殿に人質として差し出す、という伝統が今も続いています。実際にはエリザベス女王が演説をしている間、その国会議員は、バッキンガム宮殿でお茶の接待を受けているだけです。けれども、「そもそもは対立しているんだぞ」というのを確認する大切な儀式となっているのです。

ちなみに、国王がいないように見えるカナダ、オーストラリア、ニュージーランドの国家元首も、実はエリザベス女王なのです。イギリス連邦の国家元首は、エリザベス女王ということになります。本来、国家元首は議会の開会式の時には、議会へ来て演説をします。しかし、エリザベス女王が、カナダやオーストラリアやニュージーランドに、それぞれの議会の開会式のたびに行くのは現実的には不可能です。そこで、女王の名代として総督が派遣されていて、「総督がエリザベス女王の代わりに挨拶をする」ということになっています。昔はイギリスから派遣されていたのですが、今では、その部分も形骸化して、現在では、カナダの総督はカナダ国民から選ばれるという形になっています。

ワシントンは「国王」になっていたかもしれない？

さあ、いよいよアメリカの大統領制を解説していきます。ヨーロッパの国々と比べると、アメリカの大統領制は、かなり特殊なものと言えます。

まず、アメリカという国は、イギリスから大勢の人たちが新大陸・アメリカへ渡ってきたことで作られました。初代の大統領にはワシントンが選ばれました。実はこの時、ワシントンを大統領ではなく、イギリスと同じく「国王にするのはどうか」という議論があったのです。もし、ここで、ワシントンが国王になっていたら、アメリカも立憲君主制の国になっていたかもしれません。結局、「せっかく国王がいる国から逃げてきて新しい国を作ったのだから、自分たちが選挙で選んだ者をトップにしようじゃないか」ということで、大統領制になりました。

アメリカの大統領制で、もっとも注目しなければならないのは、「首相がいない」という点です。大統領が、首相の仕事を兼ねています。国家元首でありつつ、政治的なトップを兼ねている。つまり、アメリカの大統領は、絶対的な力を持っていることになります。

こうした「大統領が首相を兼ねる国」というのは、実は多くありません。一定の経済規模を持つ国では、2019年からの制度運用が始まるトルコくらいでしょうか。ちなみに、トルコでは、もともと首相が絶対的な力を持っていました。大統領は、あくまで形式的な存在で、政治的には、力がありませんでした。ところが、エルドアンという野心的な首相が、2003年から12年にもわたって首相の任期を務めたあとに、2014年に大統領になって、権力の座に座り続けました。さらに、2017年に、憲法改正を行って、首相という役職を廃止してしまいました。こうして、トルコでは、「大統領が首相を兼ねる」、つまりアメリカ風の仕組みに変わることになったのです。

アメリカに話を戻しましょう。

アメリカの大統領は「首相」の仕事も兼ねますが、もちろん「国家元首」の役割を放棄したわけではありません。**アメリカの大統領は、行政のトップであると同時に、国家元首でもある**わけです。

ここで押さえておきたいのは、「国家元首」という存在に対しては、国民は「絶対の敬意」を払うという点です。例えば、イギリスの場合、議会が始まる時は、エリザベス女王が議会に来て、開会の挨拶をします。イギリスの議会というのは、与党野党の政治家が演説をすると、それは激しい野次が飛ぶところです。しかし、エリザベス女王が挨拶をする時には、誰も野次を飛ばさない。国家元首に対して敬意を払っているためですね。

では、アメリカの大統領に対してはどうか。

今ご紹介した通り、アメリカの大統領は、行政のトップでありつつも「国家元首」です。

ですから、大統領が議会で演説する時も、野次は飛ばないのです。これはトランプ大統領であっても例外ではありません。民主党の議員からすれば、共和党のトランプ大統領などというのは、顔も見たくないほどの存在です。しかし、「国家元首」相手には、野次は飛ばさない。

「行政のトップ」に対して野次を飛ばすというのは、基本的には、「国」を愛するがためにより良い政治をしてくれ、という要求の現れです。これは問題ありません。しかし、「国民統合の象徴」である「国家元首」に対して野次を飛ばすというのは、「国家に反逆している」ということになってしまう。ですから、トランプ大統領が演説する時は、どんなに演説の中身が気に入らなくても、拍手をします。そして最後は、スタンディングオベーションをするのです。

実は、オバマ大統領の時に、大統領演説中に野次を飛ばした共和党の議員がいたのです。これは大問題になりました、「アメリカの国家元首に対して野次を飛ばすとはどういうことか」と袋だたきにされて、共和党の議員は謝罪に追い込まれました。日本で言えば、安倍首相が演説している時には、野党から野次が飛びますが、天皇が国会でお言葉を述べられる時には、野次を飛ばす議員はいませんね。これと同じ理屈になります。

日本には国家元首の明文規定はない

日本の天皇の話が出ましたので、ここで少し日本の話をしておきましょう。

まず、日本の天皇は「国家元首」なのでしょうか。

憲法には天皇は「日本国民統合の象徴」と書かれています。**日本の天皇は、多くの国の「国家元首」と同じく、「国民統合の象徴」という役割を担っていますが、「国家元首」とは明記されていません。**ですから、もし試験で「日本の国家元首は誰か」という問題が出た場合は、**「明文規定がない」**という答えが正解になります。

ただし、海外の国々からは国家元首の扱いを受けています。それは、外国の大使が日本に来た時の様子を観察するとわかります。

国交を結んだ相手国に大使が赴任する際、自国の国家元首から相手国の国家元首に対して、「この大使が私の代理人として、そちらに赴任するので、大使として認めてほしい」という信任状を渡します。つまり、海外の大使が、相手国の誰に対して、自国の国家元首から預かった親書を渡すのかを見れば、「相手国から誰がこの国の国家元首と思われているのか」がわかるわけです。

外国大使は馬車で皇居に

ギリシア大使を乗せ、皇居に向かう馬車列（朝日新聞社）

日本の場合は、そうした親書は、天皇に対して渡されています。これはつまり外国からは、日本では天皇が国家元首だと認識されているということを意味します。

「新しく国交を結ぶ」ような場合はもちろんとして、大使が新しい人へ交代する時にも、必ず「信任状を天皇陛下にお渡ししたい」と、その国の大使館から宮内庁に電話が入ります。「いつなら天皇陛下にお会いできますか」とスケジュールの調整願いがくる。宮内庁が天皇のスケジュールを調整するわけですが、その調整が終わった後に、今度は、宮内庁の側から大使館にする質問があります。これが何かわかりますか。

新しい大使をお迎えにあがりたいと思いますが、「車」にしますか、「馬車」にしますか、という質問をすることになっているのです。

読者のあなたが、もし宮内庁から「迎えにあがりますが、車にしますか、馬車にしますか」と聞かれたら、どう答えるでしょうか。ほぼ100%「馬車でお願いします」と答えるのではないかと思います。実際に、諸外国の大使のほとんど全員が「馬車でお願いします」と答えるようです。そこで、宮内庁からは馬車の迎えが出ることになっています。

もちろん、あくまでこれは形式的なものです。

各国の大使館は東京都内のあちこちにありますから、大使館まで馬車で迎えに行くわけではありません。迎えに行くと言っても、実は東京駅の丸の内口に行くだけです。丸の内口から馬車に乗って、ぱかぱかと皇居前広場を通って、皇居の中に入っていく。宮内庁は、この儀式を行うために、馬車を用意し、いつも馬を訓練しているのです。

トランプ大統領には「法案の提出権」がない

アメリカの話に戻ります。

ここまで解説してきたとおり、他の国々と比べても大統領の権限が強いアメリカですが、一方で、**「三権分立」**が厳しく定められています。「三権分立」とは、法律を作る「立法権」、行政を担当する「行政権」、法をもとに裁判をする「司法権」が、どれがどれの下にあるということではなく、また、誰かが二つ以上の権力をまとめて持つこともなく、完全に対等な立場で、分立しているということです。

例えば、**アメリカの大統領には、法案の提出権がありません。**ですから、例えば、トランプ大統領が「オバマケア」（オバマ前大統領が２０１０年に導入した医療保険制度）を変えようとして新しい法律を作ろうとしても、本人は新しい法律を作って議会に提出する権限を持っていない。ですから、共和党の議員に「○○というような法案を作ってくれ」と頼むことになります。

基本的には共和党出身の大統領は共和党の議員に、民主党出身の大統領は民主党の議員に頼みますが、大統領と党の意見が食い違っていると、うまくいかない場合もあります。

実際、トランプ大統領は、この「オバマケア」を変えるための法律を作ろうとして、共和党の議員に法案の作成と国会への提出を求めました。しかし、法案作成の段階で共和党の中でもめてしまい、共和党として法案をまとめることができないということで、いったんは法案提出を断念することになったのです。

このように、アメリカの大統領は、行政のトップでありながら、国家元首でもある、ということで、非常に強い権限を持っているのは間違いありませんが、「すべてを思い通りにできる独裁者」というわけでもないのです。

イギリスから力で独立を勝ち取る

そもそもアメリカという国がどのような経緯でできた国家なのか。歴史をさかのぼって、見ていきましょう。

アメリカの正式名称は、USA（United States of America）といいます。Ｓｔａｔｅは、日本語で「州」と訳していますけれども、意味としては「国家」に近い言葉です。

ヨーロッパからアメリカ大陸へ移り住んできた人たちは、１６０７年のヴァージニアから、１７３２年のジョージアに至るまで、13の植民地を作りました。そこで楽しく暮らしていければよかったのですが、本国イギリスがその13の植民地に対して、重い税をかけます。１７６４年には植民地が輸入する砂糖に関税をかける砂糖税、１７６５年には植民地で使う印紙には必ずイギリスのものを使わなければならないとする印紙税が導入されました。さらに、1767年に、お茶や紙、ガラスといった日常的に使うものにまで課税するとするタウンゼント諸法がイギリスの議会で成立します。

イギリスとしては、1756年から1763年にかけて起きたフランスとの「七年戦争」に勝ちはしましたが、財政的に窮地に立たされていたので、植民地からの収入を増やそうとしたわけです。

植民地で生活をしていた人たちは、そうしたイギリスの課税に猛反発をします。「代表なくして課税なし」というのは、この時に作られたスローガンです。当時、アメリカ大陸の植民地には、イギリスの議会に代表を送る権利がありませんでした。自分たちの代表もいない議会で決められた税金を払う必要なんてない、と主張したわけですね。

こうしてイギリスとアメリカ大陸の植民地の間の溝は埋まることなく、最終的に戦争にまで発展することになりました。これが独立戦争（1775～1783年）です。

1783年9月3日、激しい戦いの末に、独立を勝ち取った13の植民地は、それぞれが「一つの国」として独立することになりました。つまり、国ごとに軍隊を持ち、議会を持ち、知事を持ち、さらには憲法も作り、裁判所も作った。その上で「集まったほうがより強い国になる」ということで、13の小さな国が集まった**「連邦国家」**を作った。こうして

USA、アメリカ合衆国が誕生することになるのです。

「州」と「連邦政府」の微妙な関係

　まず、それぞれのアメリカの各州は、それぞれ「国家」の機能を持っています。

　今でも、それぞれのStateには、住民によって選ばれるGovernorがいる。日本では「知事」と訳されていますけれども、**日本の知事よりもずっと強い権限を持ってい**ます。法律や司法についても、**それぞれの州が独自の憲法、独自の法律を持っています**。それから、司法制度と最高裁判ですから、死刑を認める州もあれば、廃止している州もあります。それから、司法制度と最高裁判しても、それぞれの州で、地方裁判所と控訴裁判所（日本における高等裁判所）と最高裁判所の三つを持っています。

　さらに、**軍事面でも独立しています**。州ごとに独自の軍隊を持っているのです。多くの州では、陸軍が中心になりますが、テキサス州のように空軍まで持っているところもあります。

　では、なぜ州ごとに軍隊を持つことになっているのか。

　イギリスの植民地から独立した13の国々は、建国の事情もあり、「独立性」を重んじています。いくら自分たちが作ったものだと言っても、自分たちの国家よりも上位の存在としての「連邦政府」は、無条件で受け入れられるものではありません。もしかしたら、いつか自分たちが独立国としての自由を脅かされる日が来るかもしれない。そうした意識が、13の国家にはありました。

もし、自分たちの自由を脅かされる日が来たらどうするか。もちろん「戦う」わけですね。その時は、武器を持って立ち上がらなければならない。このように考えて、「州兵」を持つようにしているのです。

当然のことですが、**連邦軍と州兵は別の組織**になります。ところが、アメリカは、1973年、ベトナム戦争終結後に徴兵制をやめてしまっています。そのため、海外での戦争が長引くと、連邦軍は十分な兵隊の数を確保できなくなる場合があります。そこで、州兵を連邦軍に編入して、海外に派遣することもあります。もともとの成り立ちを考えてみると、州兵は連邦政府と対立する存在なのですが、背に腹は代えられぬということでしょうか。今では、対立の意味合いは薄れてきています。

もう一つ、**アメリカの連邦政府を作るにあたって、13の国家が不信感を持っていたことがよくわかる事実**があります。

それは、**連邦政府の首都の位置**です。

連邦政府の首都は、独立を勝ち取った1783年から1790年まではニューヨーク、1790年から1800年まではフィラデルフィアに置かれました。しかし、それはあくまで「仮の場所」で、大都市が選ばれたに過ぎませんでした。アメリカとしては「アメリカ合衆国の首都」をどこかに作らなければならない、と考えていたわけですね。

そして、選ばれたのが、ヴァージニア州の端っこの湿地帯でした。

当時は、まったくの未開発の沼地で、とても人が住みたいと思うような土地ではありませんでした。しかし、「人が住みたいと思わない土地」だからこそ、連邦政府の首都としてふさわしいと考えられたのです。

つまり、快適な場所に首都を作ってしまうと、多くの国民がそこに住むようになる。すると、連邦政府が強い力を持つようになる。13の国々としては、「それはまずい」ということで、人が住めないようなところに首都を置いて、連邦政府の力を抑えようとしたわけです。こうして湿地帯は埋め立てられ、ワシントンDCという首都が作られることになりました。埋め立てられたといっても、もともとは湿地帯ですから、じめじめしています。夏はとても蒸し暑い。冬は本当に寒い。さらには、霧が出る。そういう都市なのです。

ワシントンに行くと、有名な絵はがきがあります。その絵はがきには、こんな写真が掲載されています。緑の丘があって、その上に連邦議会の議場が建てられている。議場より下は、すべて白い霧に覆われているのです。

つまり、いくら「住みにくい土地」といっても、それぞれのStateの代表が連邦議会の議員になるわけですから、居心地のいいところで働いてもらいたい。だから、連邦議会の議場は、丘の上に作られたというわけです。この場所は「キャピトルヒル（首都の丘）」と呼ばれています。

一方、ホワイトハウスをはじめとした連邦政府の建物は、いずれも霧の下にあるわけですね。この場所は「フォギーボトム（霧の底）」と呼ばれています。連邦政府の職員については、別に居心地良いところで働いてもらう必要はないという意図が透けて見えますね。

ワシントンを注意深く観察することで、アメリカが「連邦国家」であり、各州と連邦政府がどのような関係を持っていたのか、が見えてくるのです。

なぜアメリカの大統領選挙は「長い」のか

やがて、その「夏は蒸し暑く、冬は寒い土地」にも多くの人が移り住み、連邦政府は力を持つようになっていきます。その強い力を持つようになった連邦政府のトップであるアメリカ大統領は、どのようにして決まるのでしょうか。

ここからは、アメリカの大統領選挙を分析することで、アメリカの民主主義に対する考え方を紹介します。

まず、スケジュールは、次のようになっています。

アメリカ大統領選挙の特徴を一つだけ挙げるとするならば、「とにかく長い」ということが言えるでしょう。

現職大統領の任期が切れる最後の年の2月から6月にかけて、50州で「誰を党大会の代表に出すのか」を決める予備選挙を行います。そして、**7月から8月の間に、共和党と民主党が、それぞれ、予備選挙で選ばれた代表たちによる党大会を開き、それぞれの大統領候補を決めます。**そして、**11月の本選挙で雌雄を決することになる。**

一般的には、7月からが「本格的な大統領選挙」と言われていますが、実際には有力候補者は、2月の段階から、マスメディアに厳しく監視され続けます。日本の場合は、知事も国会議員も公職についてから「お金を使い込んでいた」「不倫をしていた」といったスキャンダルが見つかります。しかし、アメリカの大統領選は、そうではありません。候補者の表も裏もほとんどすべてが、選挙中に白日のもとにさらされてしまうのです。日本のメディアは、選挙期間中に特定の候補のスキャンダルを暴くと、選挙運動に影響を与えてしまうのではないかと考えて遠慮するところもありますが、アメリカのメディアは、そのようなことは一切遠慮しません。「この候補者は大統領になるのにふさわしいか」を考えるためには、ありとあらゆることを報じる必要があると考えているのです。

その**監視の目の中で、大統領候補は鍛え上げられていきます。**この点において、「選挙戦が長い」ことが重要な要素になってくるわけです。

非常に厳しい戦いの中でも生き延びることができたのだから、大統領になったときには、ちょっとやそっとでは、投げ出したりもしないだろう。国内外の問題について、粘り強く、対応できる人物になっているだろう。そう考えられているわけです。実際に、歴代のアメリカの大統領を見てみると、能力の違いは各人さまざまですが、確かに「粘り強い人物が多い」とは言えますね。このあたりは、アメリカ民主主義が、健全な働きをしている部分と言えるでしょう。

その一方で、ほぼすべての国民が注目している選挙ということになると、長期的な国益や実現可能性はさておき、「とにかく大衆が喜ぶことを言う」ことで支持を集めることがあります。まさに現職大統領のトランプは、大衆の支持を集めて選挙戦を勝ち抜きました。数々のスキャンダルが報じられても、「まあ、あいつなら仕方がない」という空気もあり、トランプの支持に致命的なダメージを与えることはありませんでした。「ポピュリズムが力を持ちやすい」というのは、アメリカ民主主義の危ういところと言えるでしょう。

　アメリカ大統領選挙からは、アメリカの民主主義の強さと弱さの両方が見えてくるのです。

アメリカ大統領選挙は「直接選挙」ではない？

　ところで、一般的には、日本の総理大臣は「間接選挙」で決まり、アメリカの大統領は「直接選挙」で決まる、と考えられていますが、**実は、アメリカの大統領選挙は、国民が直接、候補者に投票する「直接選挙」ではありません。11月に行われる本選挙で、国民が投票して決めるのは、あくまで「大統領選挙人」です。**この国民から選ばれた大統領選挙人が、12月に「この候補者が大統領になるべきだ」と投票します。そして、翌年の1月に、その投票結果が、ワシントンの上院の議場で開票される。ここで次期大統領が決まるのです。その後、1月20日に大統領就任式が行われるというスケジュールになっています。
なぜ、このような選挙制度になっているのか。

　これは、さきほども書きました「アメリカという国が連邦国家である」ということと、密接に関係しています。

　アメリカは50の独立国が集まって、一つの国を作っています。それぞれの国の上に立つ大統領を選ぼうとするのであれば、「それぞれの国の代表が大統領を選べばいい」ということになる。国民は、「自分の国の代表」を選べばいい、という考え方ですね。

　特にイギリスからの独立当初は、一般の国民には読み書きができない人がたくさんいました。「読み書きができないと、自国の代表を選ぶことはできても、連邦国家の大統領として誰がふさわしいのかを判断するのは難しいだろう。そうであるならば、読み書きができて、誰が大統領としてふさわしいかを判断できる人たちに大統領を選んでもらおうじゃないか」という話になります。

　こうして、**それぞれの州から大統領選挙人を選び、その選挙人が大統領を選ぶ選挙をするという仕組みになった**のです。

　もちろん、今では、読み書きができる人も増え、国民それぞれが「この人が大統領にふさわしい」と判断する力を持つようになっています。だから、国民は、本当に「自分の代わりに大統領を選んでくれる人」を選ぼうとするわけではありません。大統領選挙人は、事前に各候補が選んで、名簿を選挙管理委員会に届けています。有権者は、自分の応援している候補者に投票し、州ごとに一票でも多かった候補者が、その州に割り当てられている大統領選挙人の枠を自分が事前に指名している人たちで埋めるのです。

ですから、現代のアメリカの大統領選挙は、**形式的には「間接選挙」ですが、実質的には「直接選挙」**であるとも言えるでしょう。

アメリカは宗教国家

次は、アメリカにおいて、宗教がどのくらいの影響力を持っているかについて考えます。**アメリカは、宗教国家です。**現代の日本は世界的に見ても、宗教への意識が低い国ということもあり、日本人からするとピンとこない面もあると思いますが、アメリカという国家は、宗教を抜きに語ることはできません。

例えば、大統領の就任式の時に、大統領は必ず手を聖書の上に置いて、神に対して宣誓します。

アメリカのドル紙幣の裏には

建物の上に〝IN GOD WE TRUST〟（我々は神を信じる）＝ロイター

アメリカのドル紙幣やコインを見てみても、「IN GOD WE TRUST」と記されている。「We trust in God（我々は神を信じる）」を逆転させて、シャレた書き方にしているわけですね。「神様を信じる国だ」ということが、お札にも、コインにも書いてある。

「アメリカは政教分離の国ではなかったの？」と疑問に思う人もいるかもしれません。確かに、アメリカ合衆国憲法の中にも、「合衆国議会は、国教を創設したり、宗教の自由の行使を禁止する法律を制定しない」という一節があります。

しかし、この一節は、アメリカにおいて宗教が軽んじられていることを意味するものではありません。むしろ、この一節が入れられた背景を考えると、アメリカという国家の成り立ちと宗教が深く結びついていることがわかります。

もとを辿ると、**アメリカという国ができた時には、「国**

民は全員キリスト教徒である」ことが前提でした。17世紀前半、イギリス国内でイギリス国教会制度が確立すると、プロテスタントのピューリタンたちは弾圧されます。1620年、弾圧されていたピューリタンが、アメリカ大陸に渡って植民地を作る。これがアメリカの始まりです。

この時、彼らは、自分たちを『旧約聖書』に書かれた「モーセの出エジプト」になぞらえています。「エジプトに囚われていた人々が、預言者モーセに率いられて新天地カナンの地に移り、そこにイスラエルという国を作った。私たちはモーセのようにヨーロッパから新天地に移り、そこに新しい国を作るのだ」と。

その後、独立戦争を経て、13の国ができると、各国が恐れたのは、連邦政府が、どこかの宗派と強く結びついて、それを「国教」とすることでした。そうなってしまえば、わざわざイギリス国教会から逃げてきた意味がなくなります。そこで**「特定の宗派が、政治の実権を握ることがないようにしよう」という規定を定めた。こうして「政教分離」についての一節が合衆国憲法に入ることになりました。**

つまり、「政教分離」と言っても、アメリカにおいては、「政治」と「キリスト教」を切り離して考えるということではないんです。現代の感覚では、ユダヤ教、イスラム教、仏教など、さまざまな宗教があり、それらの宗教を信じている人たちも住みやすくするために、「特定の宗教」と「政治」を結びつけないということをもって、「政教分離」と考えられていますが、アメリカはそうではないんですね。あくまで、アメリカはキリスト教の国。だから、紙幣にも、通貨にも、神をたたえる言葉を彫り込む。でも、**「特定の宗派」を国が応援することはしない、ということで「政教分離」と呼んでいるのです。**

イスラム原理主義よりも歴史の古いキリスト教原理主義

2004年に行われたある調査会社の調査によると、**アメリカ国民の90%が「神を信じる」と答えています。**さらに、天国の存在を信じる人は81%、地獄の存在を信じる人も70%いました。もし、日本で同じ調査をしたら、どうなるでしょうか。少なくともアメリカで出た数字よりは、ずっと低い数字が出ると思われます。このように国民の90%がキリスト教を信じていたとしても、それが穏健な信者であれば、何の問題もありません。

ただし、この90%の中には、極端な人たちもいます。

例えば、キリスト教原理主義の人たちです。彼らは、「旧約聖書と新約聖書に書いてあることは一字一句余さず正しい」と考えています。

テロリストをたくさん生み出している、と世界中から恐れられている「イスラム原理主義」も、この「原理主義」という言葉は、「キリスト教原理主義」から取られています。キリスト教原理主義者のほうが、歴史が古いわけですね。

ちなみに、イスラム教徒は、穏健派も原理主義者もみんな「コーランに書いてあることは、すべて真実だ」と信じています。ですから、「コーランに書いてあることは、すべて真実だ」と信じている人のことを「原理主義者」と呼んでしまうと、イスラム教徒は全員原理主義者になってしまう。だから、キリスト教原理主義の原理主義を、イスラム教徒にそのまま当てはめるのは、実は正しくありません。そこで、イスラム教の専門家は、イスラム教のかつての栄光を取り戻そうと考える人たちのことは、「イスラム教原理主義」ではなく、「イスラム復興主義」と呼ぶべきだろうと主張しています。

「モンキー裁判」の結果は?

話をキリスト教原理主義に戻しましょう。

「聖書に書かれていることがすべて真実だ」と考えている人たちは、「進化論を信じていない」ということになります。彼らに言わせると、「人間が猿の仲間から進化したなんてありえない。聖書に、神様がアダムをお作りになりアダムのあばら骨からイヴをお作りになったと書いてあるじゃないか。進化論なんてキリスト教の考え方に反するものだ、とんでもない」ということになる。

アメリカの中西部から南部は、敬虔《けいけん》なキリスト教徒が多く、「バイブルベルト」（聖書を信じる地帯）と呼ばれています。「進化論禁止法」という法律を作っていた州もありました。1925年には、「進化論禁止法」が裁判で争われることにもなりました。テネシー州の高校で、生物を教えていた先生が、その日、たまたま授業を休んだ。そこへ臨時の先生が入りました。その臨時の先生が「進化論」を教えてしまったんですね。**テネシー州には、当時、「進化論禁止法」がありました。「進化論を教えてはいけない」という法律に違反したことによって、その生物の臨時教師は裁判にかけられた。**さあ、どうなったでしょうか。

まず、マスコミは「モンキー裁判」と言って、面白おかしく報道しました。というのも、テネシー州では裁判にかけられてしまいましたが、ニューヨークや東海岸、あるいは西海岸に住んでいる人たちの多くは、「神がアダムとイヴをお作りになったというのは、単なるフィクションだよ」と考えていたからです。

実際の裁判のやり取りは、非常に興味深いものになりました。

テネシー州の検事は、「進化論は間違いだ。神様が人間をお作りになったのに、間違った理論を学生に教えるとはけしからん」と被告を追及します。では、一方の被告の弁護人は、どう弁護したのか。

旧約聖書によると、神様がアダムとイヴをエデンの園に住まわせたことになっています。エデンの園の中心部には、知恵の木がある。あらかじめ、この知恵の木の実を食べてはいけない、と言いつけておいたのに、イヴがヘビの誘惑を受けてリンゴを食べてしまう。その上、アダムにもそれを食べさせる。神様の怒りを買ってしまったアダムとイヴは、エデンの園から追い出されます。この時まで、アダムとイヴは食べる物に苦労することはありませんでした。しかし、エデンの園を追い出されたあとは、硬い土地を耕して自ら食べ物を作り出さなければいけなくなった。労働です。これがアダムに対して罰として神から与えられるわけですね。そしてイヴに対しては、死ぬような思いをして子どもを出産しなければいけない、という罰が与えられた。英語のｌａｂｏｒには、「労働」と「出産」の意味があるのは、こうした宗教的な背景があるからです。さらに、ヘビは、イヴを誘惑した罪を問われて、それ以降は地面を這って進むしかなくなった。

そこで、被告の弁護士は、「聖書に書いてあることがすべて本当だとすると、ヘビはイヴを誘惑する前には、どのような姿をしていたのでしょうか。教えていただきたい」と反論したんですね。

これは、相当に「いい質問」だと思います。

さて、裁判の結果はどうなったのか。

第一審の地方裁判所では有罪判決を受けました。被告は納得せず、控訴裁判所に控訴しました。控訴裁判所では、「地方裁判所での判決手続きにミスがあった」という理由で無罪になります。**「進化論を教えたことの是非」ではなくて、「地方裁判所の判決手続きにミスがあった」という理由で無罪になるわけですね。20世紀に入ってからも、「進化論を学問の一つとして教えてもいいではないか」ということを、真正面から裁判所で認めさせることができなかったわけです。**

ただし、この判決をきっかけに、「まだ、あちこちの州で進化論禁止法があるんだ」ということが、アメリカ中で大きく報道されることになった。そして、「さすがに、これはおかしいだろう」という話が盛り上がり、その後、**少しずつ「進化論禁止法」が廃止されていくことになります。**

ただし、ここでもまだ話は終わりません。21世紀に入った今、「進化論禁止法」はなくなりました。もちろん「進化論を教えてもいい」ということになった。ただ、その代わりに、「今の人間がこのように進化したのは、『人間はこのように進化する』という設計図を書いたインテリジェンスな存在がいたからだ。そのインテリジェンスな存在がいることによって、人間は進化しているんだということも、進化論とともに教えないといけない」ということを主張している人たちが出てきています。**「どうしても進化論を信じたくない人たち」は、アメリカ国内に依然としてたくさんいる**ということです。

ケンタッキー州には、神様が聖書で書いたことをそのまま再現したという博物館があります。創造博物館（2007年開館）という名前なのですが、そこには知恵の実を取ろうとしているアダムとイヴとヘビの模型が展示してあります。そのヘビには、ちゃんと手と足が付いているんですね。これが本当の「蛇足」というものです。創造博物館の主張としては、イヴを誘惑する前のヘビには手と足があった。神様の罰によって、手と足がなくなったということのようですね。

連日大盛況の「ノアの方舟」博物館

「ノアの方舟《はこぶね》」という話をご存じでしょうか。

「教えを守らず、人間は数が増えすぎた」と神様が怒って、大洪水を起こして地球上から人間を全滅させようと考えた話ですね。ただ、ノアという人物だけは大変敬虔な人物でしたから、神様も「ノアの一族だけは助けよう」という話になった。そこで、ノアに対して、「これから大雨を降らして大洪水を起こす。お前たちだけは助けるから、舟を作りなさい。雨が中に入らないように箱型の舟を作り、そこにノアの一族と人間以外のあらゆる動物を一つがいずつ入れなさい」と言った。ノアは、方舟を作り、あらゆる生き物を、一つがいずつ舟の中に入れることによって生き延びることができた。こういう話が旧約聖書の中にあります。

そこで、**「聖書に書かれていることはすべて真実だ」と考えている人たちが、「ノアの方舟を実際に作ろう」と考えた。**ケンタッキー州の創造博物館のすぐ近くには、ノアの方舟博物館というのもあるのです。

2016年、テレビ東京のロケで取材に行きました。そこにあったノアの方舟は、地上最大の木造建築物と言えるものでした。長さ155メートルもある巨大な木造のノアの方舟が作られ、船の中には、あらゆる生き物を一つがいずつ入れたという檻がずらりと並んでいました。

面白いと感じたのは、恐竜のための檻もあったことです。恐竜が生きていた時代と人間が生きていた時代は、まったく違うはずです。でも、聖書を本当に信じている人たちからすると、「神様がこの世界を作ってから現在まで、6000年しか経っていない」ということだそうです。この時、ノアの方舟にせっかく一つがいの恐竜を入れたのに、その恐竜は死んでしまったので、今は絶滅してしまったと考えているようです。さらに、世界各地から発掘される「恐竜の化石」は何かと聞くと、「あれはノアの方舟に入ることができなかった恐竜たちの死骸だ」ということです。

ノアの一族だけが助かったのであれば、そこからどうして人類は白人と黒人と黄色人種に分岐していったのか。彼らは、この疑問に対してどう説明するのか、機会があれば聞いてみたいと思っていたのですが、ノアの方舟博物館の中にある模型を見て、わかりました。ノアとその妻は白人です。ところがノアの息子たちがそれぞれ結婚した相手が、白人と黒人と黄色人種なんです。そこから人種が分岐したという理屈になっているようです。

この博物館には、平日にもかかわらず大勢の家族連れが訪れていました。「公立学校に通わせていると進化論を教えられてしまう。とんでもないことだ」と子どもを公立学校には通わせないで、自宅で親が勉強を教えている家庭がたくさんあるのです。アメリカの場合、教育委員会に届ければ、自宅学習も認められています。もちろんさまざまな理由で、学校に通えない子どもたちのための制度であればいいのですが、「進化論なんて教えてもらったら困る」という理由で、ホームスクーリングをしている家庭がアメリカには100万世帯もあるのです。

アメリカの教科書には、日本のように「文部科学省による検定制度」などありません。それぞれの教科書会社が自由に作って、それぞれの学校がそれらの教科書を自由に採択します。すると、「進化論なんてとんでもない!」と考えている人たちもまだ多い南部の学校では、進化論のことを丁寧に書いた教科書は採択されない場合もある。ですから、南部の学校に売ろうとする教科書には、進化論がまったく紹介されていなかったり、「進化論という考え方もある」という考え方と「あるインテリジェンスの導きで進化してきた」という考え方とを併記していたりする。こうした事情があるので、**アメリカの大学生のなかには、かなりの多くの割合で、「そもそも進化論がどういうものか知らない」人がいると**

いう現実があるのです。

驚きましたでしょうか。これもアメリカという国の一面なのです。

「銃を持つ権利」を大事にする国

アメリカの社会問題と言えば、「銃」の問題が挙げられます。

１９９２年には、日本人の高校生だった服部剛丈君が留学中、ルイジアナ州のバトンルージュで、間違って訪ねた家の人から銃で撃たれて殺されてしまったという事件がありました。

服部剛丈君を射殺した男は起訴されましたが、裁判ではなんと「無罪」となりました。ルイジアナ州では、「家の中に断りなく入ってきた者は、正当防衛として射殺してもいい」という法律があるのです。ただし刑事裁判としては被告は無罪となりましたが、服部剛丈君の両親が民事裁判で損害賠償請求をし、屋内にまで立ち入っていなかったことなどから、こちらは認められました。しかしうっかり人の家の敷地に入ると、問答無用で撃ち殺されても文句が言えない。少なくとも南部には、そういう土地がたくさんあるということです。

また、**アメリカでは「銃の乱射事件」が頻発**しています。日本人の感覚では、「また銃の乱射事件が起きたのか。アメリカでは、銃を規制すべきだという世論が盛り上がるだろう」と考えるところですが、アメリカでは違います。何が起きるのかと言えば、銃が猛烈に売れ出すのです。**アメリカ人の感覚からすると、「銃の乱射事件が起きた。ひょっとすると、政府が銃を規制するかもしれない。銃を規制されたら、銃が買えなくなってしまう。規制される前に銃を買っておこう」と考える**わけですね。

特に、オバマ前大統領はつねづね「銃を規制すべきだ」と主張していたものですから、オバマが大統領の時代は、銃の乱射事件が起きると必ず、銃が飛ぶように売れていました。これは、ある銃砲店に行った時の話です。店の中に、オバマ前大統領の写真が貼ってあり、その写真の下に「オバマは銃のセールスマン」と書いてありました。

そもそもアメリカの憲法修正第二条（1791年制定）に、「銃を持つ権利」が認められています。この背景には、「アメリカ国民は、それぞれ銃を持っていたからこそ、イギリスと独立戦争を戦って、イギリスから独立できた。だからみんなが銃を持ち、もし国家が自分たちを抑圧するようなことがあれば、いつでも銃を持って戦う権利がある」という発想があるのです。

そして、アメリカには全米ライフル協会（1821年設立）という、「銃を持つ権利は守られるべきだ」という運動をしている団体があります。この団体は、議会に莫大な献金をしていて、資金も豊富で強い影響力を持っています。「銃が人を殺すのではない。人が人を殺すのだ」というのが彼らのスローガンです。

では、「銃の引き金を引くのは人間だろ、銃に罪はないよ」という全米ライフル協会の主張は、真理なのかどうか。

実は統計的には答えが出ています。カナダのバンクーバーと、アメリカのワシントン州シアトルは、地理的にもとても近いところにあり、雰囲気もとても似ている街です。ただし、カナダにあるバンクーバーは、銃の規制が非常に厳しく、一方のワシントン州シアトルは、銃の規制が非常にゆるい。さて、殺人事件の件数はどうなっているでしょうか。

人口当たりの銃による殺人事件の数を比べると、なんとシアトルで起きている殺人事件の数は、バンクーバーの10倍にものぼります。こうした統計データから考えてみれば、全米ライフル協会の「銃が人を殺すのではない。人が人を殺すのだ」という主張は当たらないということになる。やはり、実際には「銃が人を殺している」と言えます。ところが、この全米ライフル協会には、潤沢な資金力がある。「銃を規制すべきだ」という国会議員がいると、その対立候補に莫大な政治献金をします。金の力で「銃の規制をすべきだ」という議員を選挙で落としてしまうことで、結果的に銃の規制が進まない、ということがずっと続いています。

ただ、銃の規制が難しいのは、全米ライフル協会が無理やり邪魔をしているだけではありません。アメリカには銃砲店が25万店舗あり、さらには銃のメーカーもある。ということは、銃にかかわる仕事をしている人がたくさんいるし、家族もいるということです。「銃の規制を強めて殺人事件の数を減らすという大義」があるといっても、銃が存在することによって生計を立てている人がアメリカにはたくさんいる。そうした現実も、銃の規制の難しさにつながっているのです。

なぜ陪審員は12人なのか

アメリカの裁判というと、映画でもドラマでも「12人の陪審員による評決」が描かれます。しかし実は、すべての事件で、「陪審員による評決」を行っているわけではありません。無罪を主張する被告が、「今回は陪審員裁判にしてくれ」と要求すれば、陪審員裁判にすることができる、という制度があるだけです。

だから、実際には陪審員など出てこないで淡々と進む裁判もたくさんあります。例えば、警察に捕まって、検察に送られて、「はい。私がやりました。その通りでございます。悪うございました」と被告が言えば、裁判官はすぐに判決を出しておしまいです。それこそドラマも何にも起きない。日本の場合は、被告人が検察の言っていることをすべて認めていても、しっかりと裁判が開かれて、判決が下されます。しかし、アメリカの場合は、被告人がすべて認めているのであれば、それぞれの裁判官が「この場合は、この法律違反だから懲役何年」と決めて、すぐにおしまいになります。

問題は、「私はやっていません」と主張する人の場合です。

警察に捕まって検察に送られても、本人は「私はやっていない」と主張する場合、あるいは一部の罪は認めても、すべては認めないという場合です。この場合は、検察側が、「判事に起訴するか決めてもらう」か、「16人から23人の抽選で選ばれた一般の人たちを集めて、その大陪審と呼ばれる人たちに起訴するかどうかを決めてもらう」かを決めます。検察側としては、どちらを選んだほうが起訴しやすくなるかを判断するわけです。

日本の場合は、起訴するかどうかは検察が決めることになっていますが、アメリカの場合は、判事つまり裁判官に決めてもらうか、あるいは抽選で選ばれた陪審員たちに決めて

もらうか、選ぶわけです。

ところで、なぜ「起訴するかどうかを決める陪審員」たちのことを「大陪審」と呼ぶのか。ドラマや映画によく出てくる「評決の陪審員」よりも人数が多いからです。大陪審が「起訴するかどうか」を決める時は、多数決で決めます。「評決の陪審員」は、全員一致で評決を決めますが、大陪審は本裁判前ということもあり、全員一致でなくてもいい。「怪しいんじゃないの。裁判にかけたほうがいいんじゃないの」という人が過半数いれば、裁判になるということですね。

こうして、判事、あるいは大陪審が「この人は怪しいから、裁判にかけよう」と決めると、今度は被告が、「プロの裁判官に裁判をしてもらうか。あるいは陪審員に判断をしてもらうか」を選ぶことができるというわけです。ちなみに、評決の陪審員のことは「小陪審」と呼ばれ、小陪審の人数は州によって違うところもありますが、12人の場合が多い。**なぜ12人かというと、イエスに従ったのが12人だから、12人にしたという説もあります。**

被告が、「プロの裁判官に決めてもらいたい」と言えば、検察側あるいは弁護側の言い分を聞いた上で、判事が判決を出す。これは日本の裁判と同じやり方になります。ところが、被告が「プロの判事ではなくて、一般の人たち、陪審員を前に自分の思いを切々と訴えれば、同情を買って無罪になるんじゃないか」と判断をすれば、小陪審を選ぶことになる。

抽選で選ばれた12人は、まずは法廷で傍聴することになります。弁護側と検察側の主張を、陪審員たちは、黙ってずっと見守る。それぞれの言い分が出揃ったところで、12人の陪審員は別室に行きます。そして、有罪か無罪かを話し合う。ここでの判断は、12人の陪審員の全員一致が必要です。もしどうしても意見が分かれて陪審員が全員一致にならなかった場合、「この裁判は成立しなかった」ということになり、もう一度、陪審員を選ぶところからやり直し、ということになります。ものすごく時間がかかりますね。その結果、陪審員たちが出した判断のことを「評決」と言います。「判決」ではないのでご注意ください。

評決は、有罪か無罪かだけを決めます。無罪となれば、その段階で被告は釈放される。検察側は控訴することができません。ここも日本と違うところですね。日本では一審の地方裁判所で無罪になっても、検察側が控訴して、高等裁判所でさらに裁判を続けるということがあるわけですが、アメリカの場合は、地方裁判所レベルで無罪になるとそこでおしまいになる。一方、有罪ということになった場合は、被告側が控訴できます。

さて、評決で無罪になればおしまいですが、有罪となりますと、そこからは判事の仕事になります。判事が「判決」を出す。法律に照らして、「懲役何年」ということを、プロの立場から判事が言い渡すという形になっています。ただし、州によっては、陪審員が「有罪です」という評決を出した後で、判事が陪審員に対して「陪審員の皆さん、懲役何年がふさわしいと思いますか」と量刑についても意見を聞くという州もある。こうした裁判のやり方も、州によって違うというわけです。

ちなみに、アメリカには、有罪の判決を受けて刑務所に入っている人が200万人もいます。とてつもない犯罪者大国ですね。200万人もの人が刑務所に入っているものですから、どこの刑務所も受刑者でいっぱいです。その数の犯罪者を、いちいち陪審員裁判で裁いているのかといえば、そんなことはない、ということです。

インフルエンザにかかっても病院へ行けない国

二時限目の最後は、アメリカの医療保険制度について解説します。

アメリカには、日本のような国民皆保険制度がありません。

日本では、病気にかかった場合、保険証を持って病院へ行けば、窓口で支払う金額は、

「実際にかかった医療費」の3割分ですみます。残りの7割分は普段から自分で払い込んでいる保険料と国の税金から支払われることになります。もちろん3割の負担はかかるわけですが、それでも10割に比べれば、医療費負担はかなり軽いと言えるでしょう。手持ちのお金が少ない時でも、具合が悪くなれば、とりあえず病院に行くことができます。

一方、アメリカの場合は、そうした皆保険制度がありません。ちなみに、こうした皆保険制度がないのは、先進国ではアメリカくらいです。**アメリカ国民は、病気になって病院へ行き、治療を受けたり、薬をもらったりすると、基本的には医療費全額を負担しなければいけません。**

さらに、アメリカは、そもそもの医療費が非常に高い。例えば、それほど難しくない虫垂炎の手術でも、医療費として100万円ほどかかります（日本での一般的な虫垂炎の治療費は入院代を含めても、30万円前後。患者はその金額の3割を病院で支払うことになります）。もう少し複雑な治療が必要な病気になると、医療費が総額で1000万円を超えてしまうこともある。しかも、アメリカには皆保険制度がないので、10割負担です。「そんな金額、まとめて払えない！」と考える人は、民間の医療保険会社の医療保険に自分で入って、自分が病気になってしまった場合に備えて、少しずつ保険料を払っておくというわけです。

ですから、もしみなさんがアメリカへ旅行に行く、あるいはアメリカへ留学するという場合は、ぜひ日本で民間の旅行保険に加入してから行くようにしてください。保険料はそれほど高くはありません。医療保険も兼ねている旅行保険もたくさん出ています。もし、保険に入らないまま、アメリカへ行き、万が一にも現地で病気になり、病院へ行かざるを得ないような事態になると、驚くような出費を強いられることになります。

アメリカで多額の医療費を払わざるを得なかった場合は、領収書をしっかりもらってきてください。日本に帰ってきてから手続きをすれば、「日本で治療を受けた場合に国が負担をしてくれる金額」については、後から支払われます。例えば虫垂炎の手術の例で言えば、保険に入っていないのであれば、１００万円をアメリカでまず払わなければいけません。ただしそこで領収書をもらっておくと、日本に戻ってきてから、「日本で虫垂炎の手術を受けた場合に、国が払ってくれる部分のお金」については、支払いを受けることができます。日本での手術代が30万円だとすると、その7割分の21万円は返ってくるというわけです。

実はアメリカの大企業では、社員の医療保険料を、企業が負担するということも行われています。企業が福利厚生の一つとして、医療保険に入ってくれるわけですね。ですから、大企業の会社員でいる限りは、ひとまずは安心と言えます。しかし、リストラされてしまったりすると、とたんに厳しくなる。**職を失うと同時に医療保険も失うことになる**わけですからね。会社からリストラされて、収入がなくなったのに、自分自身や家族が病気になって、手術で100万円単位のお金が必要になったとすると、ほとんどの人は払えないという事態になってしまう。

ここが日本の「皆保険制度」との大きな違いです。日本では、国が主導して医療保険制度を運用していますから、必要であれば、税金も投入できます。実際に、多額の税金が医療費に流れ込んでいて、それはそれで大きな問題になっているわけですが、とにかく医療にかかる必要のある国民からすれば、毎月支払わなければならない保険料は、民間の医療保険と比べて、ずっと安い。それに、仕事をやめた途端に、給料もなくなるし医療保険もなくなる、といったこともないわけです。

そして、これは「個人の健康と生活」の問題にとどまりません。

オバマ大統領の時は、約3億2000万人のアメリカの人口のうち4700万人もの人が無保険の状態でした。彼らは、たとえインフルエンザにかかっても、病院には行きません。高い医療費を支払うことができないからですね。自宅で寝ているだけで治ってしまえばいいのですが、病院で治療を受けることができないために、重症になってしまうこともある。そういう時はどうするか。救急車を呼びます。アメリカには、「救急患者に関しては、必ず治療をしなければいけない」というルールがあるのです。だから、具合が悪くなってどうしようもなくなったら、救急車を呼んで、「救急患者」として治療をしてもらう。

しかし、医療費を払えないことには変わりありません。そこで、治療をしてもらったら、病院から逃げてしまうのです。結局、病院は、患者を治療したけれども、治療費を受け取ることはできないということになります。年間に数件くらいならば、目をつぶるという選択肢もあるかもしれませんが、これが月に何件も起こるとなると、病院としても手を打たなければいけなくなります。そこで、**病院は「患者に、治療費を払ってもらえずに逃げられた時に備える保険」に入るわけです。もちろん、保険料がかかります。その分は治療費に上乗せされることになる。こうして、アメリカの医療費は、どんどん上がっていったのです。**

日本の常識が通用しない国

オバマ大統領は、こうした悪循環を断ち切ろうとしました。

とにかく一人でも多くの人が保険に入れるような仕組みを作ろうということで、保険未加入者4700万人のうち、9割までは入れるような保険の仕組みを作った。それがオバマケアと呼ばれるものです。2010年に、当時民主党が多数を占めていた議会を通し、オバマ大統領が署名をして、法案が成立したわけです。そして、2014年から法案が実施されました。

ただ、共和党は、これに猛反発しました。

民主党は「大きな政府」を主張している政党です。「困っている人がいるのであれば、国が助ければいい」と考えている人が支持しているわけです。一方、共和党は「小さな政府」を主張している政党です。「医療費を払うか払わないかは自分で決めるべきことだ。たとえ、その人が払えなかったとしても、それは自己責任。国が面倒を見る必要はない」という考え方をする人が支持しているわけですね。実際、オバマケアは、保険加入者数を大幅に増やすことはできましたが、その分、税金を投入することになっているので、納税者の負担は大きくなります。それを良しとしない人もいるわけですね。

ですから、オバマ大統領が医療保険法案を議会で通そうとしたときには、共和党は猛反発をしました。共和党から立候補したトランプも、「私が大統領になった場合は、オバマの作った医療保険制度を廃止する」というのを公約にしていました。

しかし、事態は変わります。トランプが大統領になり、「さあ、オバマケアをなくそう」としたところで、「オバマケアによって、新たに保険に入ることができた人たち」が猛反発をした。当然ですよね。もしオバマケアが廃止されることがあれば、彼らは、また無保険者に逆戻りです。また病院にかかることができなくなる。その中には共和党の支持者もたくさんいました。そして、「オバマケアをやめないでくれ」という地元の選挙民から陳情を受けた共和党の議員たちが、態度を変えることになります。「やはりオバマケアは続けたほうがいい」と共和党からも反発が出て、結局、修正案ができたというわけです。

ただ、その修正案も、オバマケアと比べると、1000万人以上が無保険者に逆戻りしてしまう内容です。2017年5月、この1000万人が無保険者に逆戻りするかどうかの法案が下院を通過しました。そして、2017年7月に上院を通過すれば、法案が成立するというところで、ギリギリの2票差で否決。2018年現在は、とりあえず棚上げになっている状況です。

日本人の感覚で言えば、「なぜわざわざ無保険者を助ける法案を廃止する必要があるのか」、ピンとこない人も多いのではないでしょうか。しかし、アメリカは、日本の常識が通用しない国なのです。**「国の助けは受けない。自分のことは自分で面倒をみる」**という精神を重んじる人が多いからです。アメリカにはアメリカの事情や思想的な背景があるのです。

もっと言えば、世界中のすべての国には、それぞれの事情とそれぞれの思想的な背景がある。「グローバルに物事を考える」というのは、「自分たちの常識」を世界の国々に押しつけてまわることではありません。まずは、お互いに敬意をもって、お付き合いができるように、「相手の立場」を理解し合う。そして、お互いにより良い関係を結べるように、じっくりとコミュニケーションを取っていく。これこそがまさに「グローバル時代」である21世紀を生きる我々に、求められている態度ではないでしょうか。

三時限目

EUの理想と現実

ブレグジットに揺れたEU

三時限目は、ヨーロッパについて解説します。

各国の世界地図を紹介した一時限目にも出てきましたが、アメリカや中国が圧倒的な国力を持つ21世紀になっても、まだまだ「世界地図の中心」はイギリスにあります。つまりヨーロッパにある。ヨーロッパで起きていることを知ることは、「世界」で起きていることを考えるための基本になるのです。

さてヨーロッパと言えば、２０１６年に世界中を震撼《しんかん》させたニュースがありましたそうです。「イギリスのEU（European Union＝欧州連合）離脱」ですね。もう少し正確に言えば、「２０１６年６月の国民投票の結果、イギリスがEUからの離脱を決めた事件」です。メディアでは、「ブレグジット」という言葉で紹介されていました。「ブレグジット」とは、イギリスのことを指す「Ｂｒｉｔａｉｎ」と、離脱するという単語「ＥＸＩＴ」を合わせた造語です。

さて、**なぜイギリスはEUから離脱しなくてはならなかったのか。イギリス国内のどのような人たちがEUからの離脱を求めたのか。**

この時の国民投票の投票行動を分析した結果としては、若者の投票率は「低かった」と言われています。多くの若者たちは、物心ついた時から「EUに加盟しているイギリス」で生活をしているわけで、それ以外の暮らしなど考えられなかった。また、EUに入っていると、イギリスの大学生たちは、EUの中のさまざまな大学に自由に行き来することができるなど、EUに加盟していることのメリットはたくさんあった。これらのメリットを享受している人たちからすると、「EUから脱退するなど、考えられない。まさか過半数もの人がEU離脱に賛成するわけがない。**どうせ、EUに対して不満があるんだ、という意思表示をするためだけの国民投票だろう」とタカをくくり、「そんな国民投票になんて行く必要ない」と考えたと言われています。また、「じゃあ、せっかくだから、離脱のほうに1票入れておこう」という人も多かったという見方もあります。**こうした「EUから離脱したくないと考えている人たち」は、「離脱」が勝ってしまったことに対して焦っている、とも言われています。実際に、Britainとregret(後悔する)を合わせて、「ブレグレット」という造語も生まれています。

しかし、とにかくも過半数の人が投票で「離脱」を求めた。

ここで、「イギリスがEUから離脱しなければならなかった」理由について解説する前に、「そもそもEUとは何か」「なぜヨーロッパではEUが作られなければならなかったのか」について書いておきましょう。

少し長い話になりますが、EUの成り立ちを知ることは、現代史を知ること、とも言えます。楽しみながら学んでいきましょう。

EUは平和のための試みだった

EUというのは、何を目的として作られたのか。

一言で言えば、**「ヨーロッパから戦争をなくす」**ためです。ヨーロッパ統合という壮大なプロジェクトは、**「ヨーロッパを平和にするための試み」**なのです。

ヨーロッパは、中世以前は言うに及ばず、近代以降になってからも戦争が絶えない地域です。小さな紛争や小競り合いは数え切れないほどありますし、大きな戦争として、第一次世界大戦と第二次世界大戦がありました。ヨーロッパは、戦争が起きるたびに焼け野原になってきた。これは、市民にとっては、とても「暮らしやすい環境」とは言えません。

また経済発展の効率性を考えても、厳しい環境と言えます。ヨーロッパの国々は、19世紀の終わりまでは、世界各地に植民地を作り、まさに世界を支配していたのですが、20世紀に入ると、国力の面でアメリカやソ連の後塵《こうじん》を拝するようになります。

もし、ヨーロッパから戦争がなくなれば、市民たちは安心して日々の生活を送ることができる。そして、それはヨーロッパ諸国の国力の増大につながるだろう。しかし、どうしたらヨーロッパから戦争をなくすことができるのか。

そこで出てきたアイデアが、「ヨーロッパを一つにまとめてしまえば、戦争をすることがなくなるのではないか」というものでした。つまり、「ヨーロッパ統合」という壮大なプロジェクト自体は、1918年に第一次世界大戦が終わった時から、すでに始まっていたというわけです。

ヨーロッパ統合の父の母は日本人

さて、「ヨーロッパを一つにまとめよう」と提唱し、その実現に力を尽くした「ヨーロッパ統合の父」と呼ばれる人たちがいました。これは、のちのEUが「この人たちの尽力があって、EUが成立したんだ」ということで、正式な人名リストを挙げています。そうそうたるメンバーが並んでいます。代表的な人を紹介しましょう。

西ドイツの初代首相コンラート・アデナウアー
ルクセンブルクの首相ジョゼフ・ベッシュ
オランダの外相ヨハン・ウィレム・ベイエン
イギリスの首相ウィンストン・チャーチル
イタリアの首相アルチーデ・デ・ガスペリ
西ドイツの政治家で初代欧州経済共同体（ＥＥＣ）の委員長ヴァルター・ハルシュタイン
オランダの政治家で欧州委員会（ＥＣ）委員長シッコ・マンスホルト
フランスの政治家であり実業家ジャン・モネ
フランスの首相ロベール・シューマン
ベルギーの政治家ポール＝アンリ・スパーク
イタリアの政治家アルティエロ・スピネッリ

それぞれが、経済や農業などさまざまな分野において、統合に力を尽くしました。

そして、これらの**「欧州統合」の先駆けであり、その理論的な支柱を作ったのが、リヒャルト・クーデンホーフ＝カレルギーです。日本名を青山栄次郎と言います。**

なぜ、日本名があるのかというと、この人の母親は日本人なのです。「欧州統合の父」の母親が日本人というのは、興味深い構図ですね。リヒャルトが名前。そして、祖父母の結婚の際クーデンホーフ家とカレルギー家が一緒になったので姓がイコールで結ばれています。

リヒャルトの父ハインリヒ・クーデンホーフ＝カレルギーは、オーストリア・ハンガリー帝国の駐日大使として日本に駐在していた時に、大使館で働いていた日本人女性の青山みつと結婚しました。青山みつとの間には7人の子どもが生まれ、そのうちの次男が、リヒャルト・クーデンホーフ＝カレルギーでした。

リヒャルトは、**パン・ヨーロッパ（汎欧州）主義**を提唱します。つまり、**「同じ文化を持つヨーロッパは一つになるべきだ」**という考え方ですね。これが、その後の**ヨーロッパ統合運動の基本思想**となります。リヒャルトは、ただ思想を提唱しただけではありません。政治活動家として、実際の運動にも精力的に関わります。リヒャルトは、第一次世界大戦が終わると、1923年に汎ヨーロッパ社を作り、機関誌「汎ヨーロッパ」を発行します。そして、汎ヨーロッパ運動を徐々にヨーロッパ中に広げていこうとしました。

しかし、順風満帆だったわけではありません。1930年代に入り、ナチスドイツが強い力を持つようになると、汎ヨーロッパ運動は弾圧されてしまいます。ヒトラーが率いるナチスドイツは「ドイツによってヨーロッパを統一する」と考えていました。彼らからすれば、「ヨーロッパは一つ」「ヨーロッパを平和にしよう」という運動は弾圧の対象だったということですね。

1940年に、リヒャルトは、ドイツからの弾圧を避けるために、アメリカに亡命します。その後、第二次世界大戦が終わった後、1946年にまたヨーロッパに戻りました。その後もヨーロッパ中を回って、汎ヨーロッパ運動を推進していきます。1967年には、日本へも訪れて、昭和天皇から勲一等瑞宝章を授与されました。

ドイツを押さえ込むためのEU

しかし、ヨーロッパ統合の父たちが奮闘を続ける中で、ヨーロッパのほとんどの国を巻き込んだ第二次世界大戦に突入してしまいます。

汎ヨーロッパ運動は、第二次世界大戦を阻止することができませんでした。ヨーロッパは再び焼け野原になります。しかし、ヨーロッパ統合への熱は冷めるどころか、さらに盛り上がっていきます。そして、「今度こそなんとかしたい」ということで「ヨーロッパ統合」へ向けた運動は、より本格化していきます。そのきっかけになったのが、1952年に作られた**欧州石炭鉄鋼共同体（ECSC）**でした。

ドイツとフランスの間に、アルザス・ロレーヌ地方という場所があります。

アルザス・ロレーヌ地方では、石炭がたくさん採れます。そこで採れた石炭を原料にした鉄鋼業が、非常に盛んでした。石炭が大量に採れ、鉄鋼業が盛んだとなれば、当然、ドイツにしてもフランスにしても、その地域が欲しい。自国の領土にしたい、ということですね。実際に、アルザス・ロレーヌ地方をめぐって、フランスとドイツは、たびたび戦争を繰り返してきました。戦争のたびにアルザス・ロレーヌ地方は、ドイツ領になったり、フランス領になったりしてきた。

そうした中で、第二次世界大戦が起きて、ドイツは、焼け野原になりました。ドイツは国をなんとか立て直すために、あらためて鉄鋼業を盛んにしようとするのですが、そのためにどうしても譲れないと考えたのが、このアルザス・ロレーヌ地方でした。一方、フランスとしては、ドイツの経済が復活すれば、また、戦争を仕掛けてくるかもしれません。基本的には、ドイツに弱いままでいてほしいわけですね。そこで、周りの国々が**「ドイツが二度と戦争しないようにしなければならない。そのために、アルザス・ロレーヌ地方で**

作られた鉄鋼業が軍事産業に使われないように、監視をしよう」ということになります。

こうして作られたのが、欧州石炭鉄鋼共同体でした。

参加したのは、西ドイツ、フランス、イタリア、ベルギー、ルクセンブルク、オランダの6カ国。この**欧州石炭鉄鋼共同体がヨーロッパ統合への、具体的な最初の一歩**になります。今でも、この6カ国を「ベーシック6」と呼ぶことがあります。これは、ヨーロッパが一つになる動きが始まった時の「最初の6カ国」というわけですね。

『最後の授業』はフランスのポジショントーク!?

さて、アルザス・ロレーヌ地方を舞台にした小説があります。フランスの作家アルフォンス・ドーデの書いた『最後の授業』(1873年)です。昔は日本の小学校の国語の教科書にも載っていました。

あまり勉強が好きではない一人の少年が、遅刻して登校する場面から始まります。朝の一時間目はフランス語で、今日は文法について質問をされることになっていたけれど、その少年はまったく勉強が進んでいなかった。行っても怒られるだけなので、できれば、休んでしまいたかった。でも、とにかく学校へ行ってみた。

教室に入ってみると、どうもいつもと様子が違う。普段はとても怖いフランス語の先生が優しく少年に向かって、席に着くことを促して、「フランス語の授業は今日が最後です。このアルザス・ロレーヌ地方では、ドイツ語しか教えてはいけないことになりました。明日からはドイツ語の授業に切り替わります」と言う。これが「最後の授業」というタイトルの理由です。そして、フランス語の美しさ、素晴らしさを話し、最後に「フランス万歳！」と黒板に書いて去って行く。

自分の国の言葉が奪われて、占領された国の言葉を話さなければいけないことへの悔しさや悲しさが描かれた小説です。私は、小学生の時に、この作品を教科書で読んで、「ああ、フランスの人たちはずいぶんとかわいそうだな」と心が震えたのを、今でも覚えています。ところが、大人になってヨーロッパの歴史を学んでからは、この作品への印象ががらりと変わりました。

この作品は、アルザスの少年の物語で、「ドイツによって、公用語をフランス語からドイツ語に変えさせられてしまうストーリー」だと思っていました。しかし、ヨーロッパの歴史を注意深く辿ってみると、アルザスはもともとドイツ語を使っていた地域だったことがわかります。つまり、ドイツ語を使っていたところが、フランスに占領されて、フランス語を押しつけられていた。そう考えると、この物語は、「ドイツ語を押しつけられた」のではなく、「フランス語を押しつけられていたのが、もともとのドイツ語に戻った」と言えるわけです。フランス人の先生からすれば、美しいフランス語を教える授業ができなくなることは、悔しくて仕方がないことでしょう。でも、**もともとアルザス・ロレーヌ地方に住んでいた人たちからすれば、「これまで使っていたドイツ語に戻るだけだった」**ということになる。つまり、この作品は、あくまでも「フランスの立場」から書かれた小説だったのです。

昔の日本の教科書には掲載されていたのに、今の教科書には掲載されていないというのは、文部科学省や教科書会社が、この事実に気づいて、「小学生の教科書に掲載する小説としてはふさわしくない」と判断したということでしょう。

ところが、このように頻繁にドイツ語圏になったり、フランス語圏になったりしていたアルザス・ロレーヌ地方の人たちが、単純に「かわいそうな人たち」なのかと言えば、そうでもありません。現在では、この地域の人たちは、バイリンガルの人がとても多い。EUができて、ドイツとフランスの間の国境管理もなくなったことで、ドイツの警察官とフランスの警察官が二人一組でパトロールをするようにもなった。つまり、ほんの半世紀前くらいまでは戦争するほど仲が悪かったドイツとフランスですが、今では、すっかり仲良くなっているのです。そうなると、ドイツとフランスの両方の国の言葉を使うことができるアルザス・ロレーヌ地方の人たちは、ビジネスの世界でもカルチャーの世界でも、活躍の場が広がっているとも言えるのです。

フランスの核はどこを向いていた？

ドイツとフランスは、どれほど仲が悪かったのか。それを説明するのに、ぴったりのエピソードがあります。第二次世界大戦中に、まずはアメリカが核兵器の開発に成功して、日本に落としました。そして、その情報をスパイを通じて手に入れていたソ連が、次に核兵器の開発に成功します。そのあと、イギリス、フランス、中国と続いていくわけですが、さて、この4番目に開発に成功したフランスの核兵器は、はたしてどこを向いていたでしょうか。

ドイツですね。**フランスは、核兵器の標的をドイツにしていた。核ミサイルを向けていれば、ドイツから攻め込まれることもないだろうと考えていたわけですね。**それこそ2010年代における北朝鮮と同じような発想です。**第二次世界大戦後のフランスは、それほ**

どまでにドイツを恐れていたということですね。

もう一つ、エピソードを紹介しておきましょう。1949年、ドイツは、西ドイツと東ドイツに分裂します。その後、1989年にベルリンの壁が崩壊して、ドイツは再統一をすることになりました。当時の西ドイツの首相は、ヘイムート・コールでした。彼は2017年に亡くなったのですが、ヨーロッパの平和に多大な貢献をしたということで、「EU葬」が行われています。さて、このコール首相が、西ドイツの首相として、「東ドイツと一緒になって、統一ドイツを作ろう」と動き出した時期に、フランスのある物書きが、こんな有名なセリフを書きました。

「私はドイツが大好きだ。大好きなものは二つあったほうがいい」

もちろん皮肉です。本音は、「ドイツは東西に分割されていることで力が弱まっている。そのことで、ヨーロッパは平和で、フランスも安心していられる。しかし、もし西ドイツと東ドイツが統合して統一ドイツになれば、また強いドイツになる。そうなれば、フランスの安全が脅かされる。だからドイツの統一に反対だ」というものです。これは、フランスの心象を捉えたジョークということで、広くフランス国民に知られることになりました。

いかがでしたか。いかにフランスが、ドイツを恐れていたかがわかると思います。

こうした中で、ヨーロッパの統合が成立するためには、ドイツも相応の努力を求められることになりました。例えば、のちほど詳しく解説しますが、通貨を「ユーロ」に統合するにあたって、ドイツは、自国通貨のマルクを捨てて、ユーロを使うと宣言します。マルクは、とても強い通貨で、ドイツの力の源泉とも言えるものでした。しかし、それを捨てることで、フランスをはじめとしたヨーロッパの国々から「ドイツは、もう大丈夫だ。仲間なんだ」という信頼を勝ち得ようとしたわけです。

イギリスがECに入れなかった理由

話を少し巻き戻しましょう。

ヨーロッパ統合は、一日にしてなし得たわけではありません。それぞれ歴史も力もある国同士ですから、そう簡単には統合などできません。少しずつ段階を追って、ヨーロッパの国々は団結を強めていきました。

まずは、先ほど紹介したとおり、1952年に欧州石炭鉄鋼共同体（ECSC）が作られました。これがうまく機能したことで、さらに、団結を強めていこうという話が出てきます。そうして次は、**「石炭と鉄鋼に限らず、お互いに自国の産業を守るためにかけてい**

た関税を、できるだけ多くの品物について減らしていくことで、貿易の活性化を図ろうじゃないか」ということで、１９５８年、**欧州経済共同体（ＥＥＣ）**に発展させていきます。

と同時に、同年、**欧州原子力共同体（ＥＵＲＡＴＯＭ）**も発足させました。ヨーロッパの国々には、人口が４００万〜５００万ほどしかいない小国もあります。こうした小国が、独自に原子力開発をするのは、効率が悪い。そこで、「ヨーロッパ全体で一緒になって原子力を開発すればいい」という考えから、欧州原子力共同体が生まれました。

さらに１９６７年、この**欧州経済共同体と欧州原子力共同体が一緒になって、欧州共同体**ができあがります。これが、いわゆる**「ＥＣ」**ですね。ここまでは、すべてベルギー、フランス、ドイツ、イタリア、ルクセンブルク、オランダの「ベーシック６」による連携でした。

そしてようやく１９７３年、イギリス、デンマーク、そしてアイルランドがＥＣに加盟します。この段階から、ヨーロッパの連携は、「ベーシック６」の枠を超えて、広がっていくことになります。

実は、**イギリスとしては、ＥＣが設立されたら、すぐにでも加盟したいと考えていました。しかし、１９７３年まで認められなかった。**これはなぜでしょうか。

フランスのシャルル・ド・ゴール大統領が反対したからです。ド・ゴール大統領は、フランスの国民から大変な尊敬を受けています。フランスの長距離国際線の空港も、ド・ゴールの名前から取られていて、パリ＝シャルル・ド・ゴール空港といいます。

ド・ゴール大統領は、何をした人なのか。

フランスは、第二次世界大戦中に、ドイツに占領されてしまいます（1940年）。そして、フランスの中に、ドイツの言いなりになる、いわゆる傀儡《かいらい》政権ができました。そこで、当時のド・ゴール将軍が、誇り高きフランスを奪還するために奮闘します。まずは、イギリスに亡命。イギリス国内に、フランスの亡命政府を作ります。そして、その亡命政府を率いて、ドイツと戦い、祖国フランスをドイツの占領から救い出した（1944年）というわけです。

こうしてイギリスには助けてもらった形になったド・ゴール将軍ですが、実はイギリスのことが大嫌いでした。**ド・ゴールは、イギリスのチャーチルとアメリカのルーズベルトが組んで、フランスを操ろうとしていることを恐れていた。**だから、ECができる時に、イギリスが「自分たちも入りたい」と言ったことに対して、「イギリスは絶対に仲間に入れたくない」と反対をした。その結果、イギリスはECに入れなかったわけです。

では、**どうして1973年になると、ECに入れるようになったのか。**

簡単ですね。**ド・ゴールが死んだから、**です。1970年にド・ゴールが死んだことで、イギリスのECへの加盟に反対する人がいなくなった。だから、イギリスも加盟できるようになったのです。

「ドイツとフランスの仲は悪い」というエピソードを紹介しましたが、**イギリスとフランスも歴史的に仲が悪い。**日本人の感覚からすると、第二次世界大戦では「連合国側」、冷戦では「西側諸国」と足並みを揃えていて、仲の悪い印象はないかもしれませんが、歴史的に遡れば、14世紀から15世紀にかけては、それこそ「百年戦争」を戦っていた犬猿の仲なのです。

世界でもっとも有名な美術館の一つ、**ルーブル美術館は、実はもともと百年戦争でイギリスの侵略から守るために造られた城塞**です。イギリスとの戦争が終わり、せっかく作った巨大な砦をただ壊すのはもったいない。何か別のことに代用しようということで、美術館ができたのです。ルーブル美術館は、パリの中心部にあります。つまり、百年戦争の時に、イギリス軍はパリの心臓部近くまで攻めてきていたこともわかります。フランスからすれば、ドイツと同じく、イギリスもとても心を許せる相手ではないということですね。ちなみに、イギリスとフランスの間の海峡のことを、日本人は「ドーバー海峡」と呼んでいますが、イギリス人は「イギリス海峡」と呼んでいます。ここは自分たちの海だと主張しているわけですね。フランス人は「カレー海峡」と呼びます。

一時限目にも紹介しましたが、世界中で隣同士の国というのは、基本的に仲が悪い。それは、ヨーロッパでも変わりはありません。けれども、ヨーロッパ統合の動きは、そうした「仲の悪さ」をも乗り越えて進んでいったということです。

「国境を無くす」ことを目指して

1973年にイギリス、デンマーク、アイルランドが入り、ECに加盟している国は9カ国になります。さらに1980年代には、ギリシア、スペイン、ポルトガルが加盟します。かくしてECは12カ国になり、少しずつ欧州統合に向かって進んでいきます。

この時期のヨーロッパ統合において、**特に重要視されたのは、「関税の撤廃」**でした。

ヨーロッパというのは、陸続きです。ですから、国境に税関を設けて、輸出されるもの、輸入されるものについてすべてチェックすることになっていました。このチェックには、どうしても時間がかかります。国境にはいつも、税関の検査を通過するために、大量の荷物を積んだトラックが長蛇の列をつくっているという状態でした。

もし、すべての関税をゼロにして、物の移動を自由にしてしまえば、国境で大渋滞を引き起こすような非効率はなくなります。**物流を劇的に効率的なものにする。**ECは、これを目指していたわけですね。

さらに、欧州統合の動きは、経済的な効率だけでなく、**国家機能の統合にまで視野を広げていきます。**

ヨーロッパから戦争をなくすためには国境を無くしてしまえばいい。さらに言えば、「一つの国」にしてしまえば、諍《いさか》いも起きなくなるし、国家の機能も効率的に運用できる。

こうした考え方が広まっていきます。すべてのヨーロッパの国々をアメリカのような欧州合衆国にしてしまおう。50のStateによって、一つの国家が成り立っているアメリカのように、ヨーロッパも、いくつものStateを集めて、欧州合衆国にしてしまおう。まさに、リヒャルト・クーデンホーフ＝カレルギーが夢見た「汎ヨーロッパ」を現実のものにしようとしていきます。

こうした動きの中で、**1992年、マーストリヒト条約が結ばれます。**

マーストリヒトというのは、条約が結ばれた都市の名前です。**このマーストリヒト条約に基づいて1993年11月、欧州連合、つまりEUが成立することになった**のです。

この時、「EUの旗」ができました。青地に金の星が12個並んでいます。12カ国でスタートしたので、金色の星は、12個、描かれました。

EUの旗

2018年現在の加盟国は28ですが、星の数は12のままです（朝日新聞社）

ここで豆知識を一つ。州が増えていくにしたがって星の数が増えていくアメリカの国旗と同じように、EUの旗も、参加する国が増えてくるにつれて、星の数も増えてくるのだろうと、私は勘違いしていました。実際は、加盟国が増えても、星の数が増えません。現在の加盟国は28ですが、星の数は12のままです。実は、ヨーロッパでは、「12というのは完全な数」という概念があるのです。1ダースは12ですし、時計の数字も12まで。12個あることによって、完璧なまとまりになるという感覚があるようなんですね。

そこで、せっかくEUが発足する時にちょうど12カ国だったので、星の数も12のままでいこうとなったようです。

パスポートは大切に！

世界各地を取材で飛び回っていると、パスポートに入国スタンプと出国スタンプが押されていきます。私はスタンプラリーをしているような気分になっていて、「どうせならたくさんスタンプを押してほしい」と思うようになっているのですが、ＥＵ加盟国内では、パスポートチェックが必要ありません。正確には、**１９８５年に結ばれたシェンゲン協定に加盟している国同士では、パスポートチェックがありません。**

例えば、飛行機でフランスに入り、そこから陸路で、ドイツやオランダやデンマーク、あるいはイタリアやスペインと移動していき、最後に日本へ帰ってきたとしても、パスポートに押されるＥＵのスタンプは、「入国スタンプ」と「出国スタンプ」の一つずつということになります。

イタリアにいたっては、そもそもスタンプを押してくれなかったこともあります。以前、「イタリアから入って、イタリアから出る」ということをしたことがあったのですが、イタリアの入国審査官は、日本のパスポートを見た途端に、「オッケオッケ！」とノーチェックで、パスポートにスタンプも押してくれませんでした。入る時も出る時も、押してくれなかった。結局、「日本を出た時」と「日本に戻ってきた時」のスタンプだけだったのは、少し寂しかったですね。

このEUのスタンプには、ちょっとした工夫が凝らされています。もしあなたがヨーロッパへ行かれる時は、「EUに入る時」、それから「EUから出る時」に押されるスタンプに注目してみてください。日本からパリのシャルル・ド・ゴール空港に入った場合、空港で押される入国スタンプには、「飛行機が降りてくるイラスト」が入っています。フランスを出国する時に押されるスタンプには、「飛行機が飛び立つイラスト」が入っている。鉄道でEUに入る場合には、「蒸気機関車のイラスト入りのスタンプ」が、自動車で入る場合には、「自動車のイラスト入りのスタンプ」が、船で入る場合には、「船のイラスト入りのスタンプ」が押してもらえる。**利用した交通機関によって、スタンプのイラストが違っている**のです。残念ながら、私はまだ船のイラスト入りスタンプを持っていません。こうした仕組みを知ると、スタンプラリーをしたくなってくる気持ちもわかっていただけるのではないでしょうか。

さて、では「イギリスに入る時」「イギリスから出る時」は、スタンプは押されるのでしょうか、押されないのでしょうか。

実は、**イギリスは、ＥＵ加盟国ではありますが、シェンゲン協定には調印していません。**つまり、他のＥＵ加盟国とイギリスとの間で行き来する時には、パスポートチェックが必要なのです。例えば、オランダからイギリスに入る時には、「オランダを出る時」にスタンプが押され、「イギリスに入る時」にもまたスタンプが押されます。ただし、ここが複雑なのですが、イギリスとアメリカは、出国するときにはスタンプを押してくれません。この二国は入国するときはスタンプを押しますが、出国するときは、「勝手に出ていけ」と言わんばかりにスタンプを押さない。ですから、「イギリスに入る時」は、それがＥＵ加盟国からの入国であっても、日本その他ＥＵ以外の国からの入国であっても、スタンプは押されます。一方、「イギリスから出る時」というのは、「ＥＵ加盟国に向かう場合」であっても、「ＥＵ加盟国以外に向かう場合」であっても、スタンプは押されないのです。

実は私は、ある失敗をしたことで、**「ＥＵに入っている国はみんなシェンゲン協定に入っているわけではない」**ということを身にしみて知りました。

クロアチアが28番目のＥＵ加盟国になった直後（２０１３年）に、取材に行った時のことでした。クロアチアのすぐ隣には、スロベニアがあります。ちなみにトランプ大統領の奥さん、メラニア夫人はスロベニアの出身です。クロアチアでの取材が終わって、少し時間があったので、「せっかくの機会だからスロベニアも見ておこう」ということで、鉄道でスロベニアに行くことにしたのです。その時、私は、安全を考えて、パスポートをホテルのセーフティボックスに入れたまま、クロアチア取材に出てきていました。パスポートを持ち歩いて紛失してしまうとまずいと思い、ホテルに置いてきたわけです。

ちらりと、「あっ、スロベニアに行くのに、パスポートを取りにホテルに戻らなくてはいけないのかな」と頭を掠《かす》めたのですが、すぐに「クロアチアもスロベニアもEU加盟国だから国境審査はないはずだ。まあ、パスポートを持っていなくても大丈夫だろう」ということで、ホテルに戻らず、パスポートを持たないまま、スロベニアに向かったのです。

クロアチアを出発して、列車でスロベニアへ向かっていると、国境の町で列車が止まります。スロベニアの入国管理官が、列車の中にどやどやと乗り込んできて、「パスポートを見せろ」というのです。「え、だって同じEUになったんじゃないか」と私が言っても、管理官は「いや、パスポートを見せろ」と言う。私はその時に「そうか、クロアチアはEUに入ったけれど、シェンゲン協定には入っていなかったんだ」と気がついたわけですね。しかし、時すでに遅し。「パスポートを持ってないやつをスロベニアに入れるわけにはいかない。ここで降りろ」と言われて、国境の町で降ろされてしまいました。

雨が降っている寒い日でした。震えながら、クロアチアの首都ザグレブ行きの列車が来るのを待ちました。ようやくザグレブ行きの列車が来て、乗り込んだ途端に、今度はクロアチアの入国審査官が乗り込んできて、「パスポートを見せろ。パスポートを持っていないやつはクロアチアに入れるわけにはいかない」と言うわけです。愕然としました。「ああ、自分はクロアチアとスロベニアの国境の町に閉じこめられたまま、どこにも行けなくなるんだ」と。その時、たまたま私の入国を拒否したスロベニアの入国審査官が通りかかって、「こいつはなあ、パスポート持っていないから、スロベニアに入れずに追い返したところなんだ。クロアチアに帰してやってくれ」と説明してくれて、無事にクロアチアに戻ることができました。

悔しかったものですから、ホテルに戻ってセーフティボックスからパスポートを取り出して、もう一度スロベニアに向かいました。国境の町に着くと、またスロベニアの入国審査官が乗り込んできて、私に気づくと「なんだお前か」と言ってきた。私は「リベンジに来ました」と言って、おもむろにパスポートを彼の前にかざしました。かくしてスロベニアに入国できたというわけです。ここまで苦労して入国したスロベニアの首都は、見て回るのに半日で十分なほどの、本当に小さな国でした。

読者のあなたも、海外に行く時には、パスポートは大切に。

さらに言うと、外国に行くと「日本のパスポート」がいかに信頼されているかがわかります。イタリアでは、日本のパスポートを見た途端に、中身をろくにチェックもしないという話をしましたが、イタリアに限らずほとんどの国で日本のパスポートは信頼されています。これは、日本という国が信頼されている証《あかし》ですね。

逆に考えれば、悪人たちは、日本のパスポートを盗んで、それを基に偽造パスポートを作れば、世界中をかなり自由に行き来できるようになる。かくして日本人観光客のパスポートが世界中で盗難にあうという事件が起きているのです。世界中の日本の大使館、あるいは領事館には、真っ青な顔をした日本人が「パスポートをなくしました」と言って駆け込んできます。

パスポートがないと、出国することはできません。日本大使館あるいは領事館でパスポートの再交付をしてもらわなくてはいけない。再交付の手続きをしてから、実際にパスポートが得られるまでは、早くても3日かかります。その間、新規のパスポートの発給を待つしかないのです。もちろん、その間の滞在費は自分で支払うしかない。日本の大使館はそこまで面倒をみてはくれません。パスポートの盗難には、お気をつけください。

国際警察組織の誕生

ＥＵが成立し、さらにシェンゲン協定を結ぶことによって、ヨーロッパの人々がＥＵ加盟国内を自由に行き来できるようになったことで、確かに便利になりました。人や物の移動が効率的になり、ビジネスも旅行もしやすくなった。

しかし、問題も出てきます。

国境審査がなく、自由に行き来できる。そうした仕組みを、テロリストや犯罪者が悪用するようになりました。２０１５年にパリで同時多発テロが起きた時も、犯人はベルギーに逃げ込んでいました。ベルギーは、北部はオランダ語圏、南部はフランス語圏です。ベルギーの南部に逃げ込むと、フランス語で生活できます。逃げた先の土地で、自然と生活ができるというのは、テロリストや犯罪者にとって、重要な点です。言葉も通じず、目立ってしまえば、怪しまれることになりますから。その点で、フランスとベルギー南部は、狙い所でした。フランス人の犯罪者は、ベルギー南部に行っても、言葉に不自由することなく、自然に生活ができる。しかも、フランス警察の捜査の手は届かない。警察システムは、国家レベルで作られていますから、国境を越えた捜査ができない。こうして、いわば「警察システムの不備」をつく形で、フランスでテロをし、ベルギーに逃げ込む。あるいはベルギーでテロの計画をし、フランスで実行するといったことが起きてしまうようになったのです。

もちろん、EUとしても、テロや犯罪の横行を許しているわけではありません。

漫画『ルパン3世』の人気キャラクターである銭形警部も所属しているインターポールという国際刑事警察機構があります。国際的に犯罪者を追いかけるための警察組織ですね。日本も含めて192カ国もの国と地域が参加している、国連に次ぐ大きな規模の国際組織です。

EUも1994年に、このインターポールと同じように、国家という枠組みを超えて、EUの中での捜査をする組織ユーロポールを作りました。1999年から実際に活動しています。

ヨーロッパ統合の動きを見ても、AmazonやGoogleといった巨大企業の動きを見ても、政治・経済の世界において、「国家の枠組みを超える」という試みは、今後も続いていくでしょう。しかし、必ず考えなくてはいけないのは、これまでの市民の生活を守ったり、円滑にしたりするための「ルール」や「仕組み」は、ほとんどが「国家という枠組み」があることを前提に作られているということです。そして、先進国の警察組織や国税庁を見ればわかるように、その「ルール」や「仕組み」は、問題がないわけではないけれども、それなりに成熟して、機能しているものが多いのも事実です。ですから、もし「枠組み」に変更がある場合は、「ルール」や「仕組み」についても、丁寧に見直していかなければいけないということですね。

「チョコレート」にも基準がある？

さて、「枠組み」が変更されたことで影響が出るのは、警察や行政が関わることだけではありません。

例えば、チョコレート。「何をもってチョコレートとするのか」についての「基準」も、ヨーロッパが統合したことで、あらためて検討されました。「あらためて検討した」などと書きましたけれども、かなり激しい攻防があり、「チョコレート紛争」などとも言われています。

まず、イギリスやアイルランドやデンマークには、もともと「ミルクチョコレート」というものがあります。甘いものが好きな彼らからすると、「ミルクチョコレート」は、当然「チョコレートの一種」だったわけですね。

しかし、この3カ国がEECに加盟した1973年、チョコレートの本場ベルギーをはじめ、フランス、オランダ、スペイン、イタリア、ドイツ、ルクセンブルク、ギリシアの8カ国が「チョコレートはカカオ100%のもの」と主張して、EECでは「ミルクが入っているものはチョコレートと言わない」ことにしようということになった。これに、イギリス・アイルランド・デンマークの「ミルクチョコレート連合」が反発しました。激しい論戦の末、その時は、あくまでイギリス・アイルランド・デンマークについては「例外」として、「ミルクチョコレートもチョコレートとしてよい」ということになりました。

ただ、それだけでは終わりません。さらに時が経ち、EECがECに、そしてさらにEUに発展すると、1986〜1995年に新たに加盟したポルトガル、オーストリア、フィンランド、スウェーデンが、イギリス側についたのです。こうなると、「チョコレートはカカオ100%派」が8カ国、「ミルクチョコレートもチョコレート派」が7カ国で拮《きっ》抗《こう》することになった。

最終的な結論が出たのは、1999年のことです。EUの国会に当たるヨーロッパ議会

で投票が行われ、「カカオ95%以上のものをチョコレートと呼ぶ」と議決しました。

何をお菓子の定義で大騒ぎをしているのか、と思う人もいるでしょう。確かに、エネルギー産業や重化学工業に比べると、ビジネス規模は小さいかもしれません。しかし、チョコレート産業は、多くの雇用を生み出すヨーロッパの重要な産業の一つです。そうしたことを考えると、「何をチョコレートにするのか」という「基準」を変えるのにも、慎重にならなくてはならないということですね。

ちなみに日本では、カカオが35%以上あれば「チョコレート」と呼んでいいことになっています。逆に言うと、35%未満のものは、「準チョコレート」と表示しなければいけません。ＥＵ基準よりも、はるかにゆるいですね。もし日本とＥＵ諸国が、チョコレートの「基準」についてすり合わせなければならないとすると、議論はかなり長引きそうです。

ＥＵが新しく取り決めた基準の中には、「牛を、食肉処理場に運ぶ時の基準」というものもあります。動物愛護の観点から、「肉牛を食肉処理場に運ぶ時には、トラックにぎゅうぎゅう詰めにしてはいけない。牛を快適な空間で送らなければいけない」という基準を作りました。「殺してしまうんだから、牛肉にするんだから、そんなに気を使わなくてもいいじゃないか」ということにはならない、というわけですね。

肉牛というのは、「殺される」と身構えたところで殺されると、肉が美味しくないと言われています。そういう意味では、「美味しいお肉を食べたい」ためなのか、「動物愛護の精神」のためなのかは、わかりませんけれども。

とにかく、EUは、加盟国内ですれ違いが起きないように、こうした基準を一つずつ定めていきました。

通貨の名前にドイツから「待った」がかかった理由

そうした調整の中で、もっとも重要なのが「通貨」の統一でした。

当然のことですが、EU成立当初は、ドイツはマルク、フランスはフランなど、それぞれの国でそれぞれの通貨を使っていたわけです。すると、ヨーロッパに来て、EU加盟国を回ろうとすると、通貨を交換する時にかかる手数料がかさむことになります。ヨーロッパに入って最初の国でその国の通貨に両替をし、そして隣の国に行ってまた両替をし……を繰り返して、EU加盟国をぐるりと回ると、手数料だけでお金が半分になってしまうとも言われていました。しかし、EU加盟国が共通通貨を使っていれば、手数料も必要ありません。そうなれば、ヨーロッパに住む人々の利便性も上がるし、世界から訪れるビジネスマンも観光客も増えるだろうと考えられました。それから、これまでは同じ商品を売っていても、直接的には、値段の比較ができませんでした。フランスの自動車と、ドイツの自動車で、どちらの商品がどのくらい高いのか安いのかという比較をするのも手間がかかっていました。もし、共通通貨が導入されれば、それぞれの国の商品が高いか安いかも一目瞭然になる。そうなれば、激しい競争が起きる。激しい競争が起きれば、EUの競争力が高まり、アメリカや日本と戦うことができるようになるというわけです。

かくして、共通通貨の導入が検討されることになりました。

ただ、いきなり共通通貨を導入するわけにはいきません。これまで使ってきたそれぞれの国の通貨の価値がまったく違うからです。フランやマルク、クローネ（ノルウェー・デンマークの通貨）の価値は一律ではありません。そこでまず、新しく作られる共通通貨と、それぞれの既存の通貨の交換レートを調整することから始めました。

そこで作られたのが、**欧州通貨単位**（**ECU、European Currency Unit**）**というバーチャルな単位**です。「エキュ」と発音します。1973年に、このECUを基本の計算単位として、フランやマルクやクローネとの間の交換レートを決めていった。

実はこのECUという名称がそれなりに浸透していたので、実際に共通通貨を導入するタイミングになったときに、「欧州の共通通貨の名前もECUにしよう」となりかけました。しかし、**ドイツから「待った」がかかった。かつて（フランス革命前）、フランスで「ECU」という名前の銀貨が使われていたということに気づいたんですね。**「なぜ、かつてフランスで使われていた通貨の名前をドイツでも使わなければいけないんだ」と言って反発したのです。

結局、1995年のEU首脳会議にて、ヨーロッパをアルファベットで書いたEuropeの頭文字を取って「ユーロ」という名前が誕生しました。決済用通貨としての正式導入は、1999年1月。紙幣とコインが作られて**現金通貨として運用が始まったのは、2002年の1月**のことでした。

ユーロ紙幣のデザインに込められた意味

世界中の紙幣や通貨コインのデザインには、それぞれさまざまな工夫が凝らしてあって興味深いのですが、ユーロも例外ではありません。さて、ユーロの紙幣は、どのようなデザインになっているのでしょうか。

ユーロ紙幣の表には門、裏には橋がデザインされています。「世界に開かれた門」「世界と

の架け橋」ということで、門と橋が描かれている。ヨーロッパがより世界に開かれた形になるように、というヨーロッパ統合の思想がデザインに表れているわけですね。ただし、ここにも配慮が行き届いています。もし、ここに描かれた門や橋が、実際にヨーロッパにある門や橋だったとすると、「どうしてあの国の門が使われるんだ」「どうしてうちの橋が使われないんだ」という話になる。だから、「ああ、ヨーロッパにありそうな門だな、橋だな」と思うようなデザインなのですが、**実際には、どこにもない、というものになっているの**です。これまで紹介してきた「加盟国間の調整」が行き届いていることもわかりますね。

ユーロ紙幣は、5ユーロ、10ユーロ、20ユーロ、50ユーロ、100ユーロ、200ユーロ、500ユーロの7種類で始まりました。小さな金額から大きな金額になるにしたがって、紙幣に描かれている建築様式が、だんだんと新しくなっていくという工夫がされています。5ユーロ紙幣は古典、10ユーロ紙幣はロマネスク、20ユーロ紙幣はゴシック、50ユーロ紙幣はルネサンス、100ユーロ紙幣はバロック・ロココ、200ユーロ紙幣はアール・ヌーヴォー、500ユーロ紙幣は現代建築というわけです。ヨーロッパの人々は、ヨーロッパこそが建築をはじめとした「世界のカルチャー」を牽引してきた自負を持っているのですが、そうしたプライドも紙幣に込められているのかもしれません。

ちなみにコインは、それぞれの国で発行しています。ですから、コインの表は同じデザイン（ヨーロッパ地図）ですが、裏は国によってデザインが違います。例えば、イタリアの1ユーロコインは、レオナルド・ダ・ヴィンチの人体図が描かれていますが、フランスの1ユーロコインは、フランスのモットーである「自由・平等・友愛」の文字がデザインされています。

500ユーロ紙幣には血の匂いが染み付いているかもしれない？

ユーロ紙幣の発行量からも面白いことがわかります。

ユーロ紙幣は欧州中央銀行（ＥＣＢ）が発行しているのですが、**発行されている紙幣の中で、もっとも発行量の多い紙幣の種類は何でしょうか。**

もっともたくさん発行され、流通しているのは500ユーロ紙幣です。ところが、私はヨーロッパをあちこち回っていますけれども、500ユーロ紙幣が実際に使われているところを見たことがありません。見たことがないどころか、お店のレジには「500ユーロ紙幣お断り」と書いてあることもある。お店からすると、500ユーロというのは、日本円にして6万円以上にもなりますから、偽造された紙幣を使われたりすると、損害が大きい。だから、「500ユーロ紙幣は扱いません」というところも多いのです。

それにもかかわらず、500ユーロ紙幣が一番発行されて流通しているんです。この背景には何があるのでしょうか。

100ユーロ紙幣よりも、500ユーロ紙幣のほうが優れているのは、どのような場合なのか、を考えると答えに近づけます。単位の大きな紙幣が活躍をするのは、「多額の金額を受け渡しして、さらに、できるだけスペースを取らないほうが良い」という場合になります。例えば、銀行間の取引は、確かに非常に高額のやり取りを行いますが、基本的には数字上でのやり取りになります。実際に「紙幣」を輸送するようなことはせずに、帳簿上で数字を合わせるだけです。ですから、銀行間においては、大きな金額は動きますが、紙幣の単位は、あまり関係ない。とすると……、さあ、もうわかりましたね。

そうです。**大量のお金をコンパクトに運ぶことを必要としている人たちは、マフィアです**。彼らは、麻薬の取引や武器の取引をするにあたって、現金でのやり取りをします。銀行を使うと、足がつくからですね。さらに、できるだけ人目につかない形で行いたい。大型トラックを何台も並べて取引をしなければならないというのでは、警察に見つかるリスクが高まってしまいます。そこで高額の紙幣が選ばれるわけです。

一般のお店では「500ユーロ紙幣お断り」という状態であり、私も実際に使われているのを見たことがないにもかかわらず、500ユーロ紙幣の流通量が一番多いというのは、**ヨーロッパにおいて、それだけマフィアの地下経済が活発**だということがわかりますね。

もちろん、最初から「500ユーロ紙幣のような高額紙幣はマフィアしか使わない。このような紙幣は作るべきではない」という議論もありました。ただ、やはり「高額紙幣があったほうが便利だろう」ということで発行することにした。しかし、悪い予測が当たってしまい、結局使っているのはマフィアだけということになったのです。

そうした経緯があって、500ユーロ紙幣は2018年末までに発行を停止することになりました（これまで流通しているものは、そのまま使用可能です）。もしあなたが、EU圏へ行って、500ユーロ紙幣を見たら、どこから流れてきたのだろうかと想像してみるのも一興でしょう。その500ユーロ紙幣からは、血の匂いがするかもしれないし、もしかしたら、コカインが付いているかもしれません。

金融政策と財政政策の「おさらい」

ユーロを共通通貨として経済統合をはたしたEUにとって、もっとも重要な課題は、不景気になったときの対策をどうするか、でした。

少しここで経済政策についての「おさらい」をしておきましょう。

景気が悪くなった時、中央銀行や政府の取れる対策というのは、基本的には、金融政策と財政政策の二つしかありません。

金融政策というのは、それぞれの国の中央銀行が金利を上げたり下げたりすることで、景気を調整することを指します。中央銀行は、民間の銀行にお金を貸し出しています。この一番の大元で動くお金の金利が低くなればなるほど、民間の銀行が企業や個人に貸し出す金利も低くなる。つまり、みんなが銀行からお金を借りやすくなるわけです。例えば、住宅ローンを低い金利で借りることができるとなれば、「じゃあ、いい機会だからマイホームを購入しようか」という人が増える。住宅が売れて住宅建設が増えれば、家具や日用品などさまざまな物が売れるようになる。景気が良くなっていく。あるいは、企業が、銀行から借り入れをして、新しい工場を作ったり、新規事業に乗り出したりしやすくなる。すると雇用が増えたり、従業員の給料が上がったりする。そうすると彼らが、生活必需品から娯楽品まで物を買うようになる。

つまり、**「中央銀行が一般の銀行に貸し出しをする時の金利を下げる」**ことで、世の中

にお金がたくさん流通するようになり、そこから景気が良くなっていくというわけです。もし、景気が上がりすぎてインフレになりそうだということになれば、反対に金利を上げて、世の中に流通しているお金の量を減らす。そうすることで、景気を抑えることができるというわけですね。

日本では、１９９９〜２０００年8月、２００１年3月〜２００６年に日本銀行が政策金利をゼロにしました。この「政策金利」というのが、民間の銀行同士の貸し借りの金利の基準です。ゼロにしてもまだ景気が良くならないものだから、ついには２０１６年に「マイナス金利」にまでした。今の日本は、景気を上向きにするために、あるいは景気が上向きのままであることを維持するために、とにかく政策金利を限界まで、いや限界を超えて下げているという状況にあります。

このように、**中央銀行が金利を上げたり下げたりすることで、市場に流通するお金の量を調整して、景気をコントロールしようとすること、これが金融政策**です。

一方、**財政政策は、国に入ってくるお金の量と、国が使うお金の量を管理することで、世の中の景気を調整しようとする政策のこと**を指します。

例えば、国が国民から税金を徴収したり、赤字国債を発行したりして（つまり国民から借金をして）集めたお金を、公共事業に使うことで、世の中に回っているお金の量を増やすことができます。ビルを作ったり、橋を作ったりといった公共事業を民間の会社に発注すれば、世の中にお金が回るようになる。公共事業というと、実際に事業を請け負った建設会社ばかり得をするように考えている人もいるかもしれませんが、そういうことではありません。確かに、まずは建設会社にお金が入ります。建設会社にお金が入れば、建設会社に勤めている人の給料あるいはボーナスが上がる。その人たちの給料が上がれば、自動車を買ったり、子どもを塾に入れたり、外食をしたり、さまざまな形でお金を使う。すると、自動車会社や学習塾やレストランにもお金が入って、そこで働く人の懐も潤うようになる。あるいは、建設会社がセメントや鉄を、今まで以上に買うかもしれない。そうなれば、その材料を輸入したり、製作している会社にお金が入る。そこで働く人たちの給料も上がる。すると、その人やその人の家族もいろいろなものを買うことができるようになる。こうして、世の中にお金が回っていき、景気が良くなるというわけですね。

また、もし景気が良くなりすぎて、インフレになりそうだということであれば、赤字国債の発行を止め、世の中に流通しているお金の量を減らして、景気を落ち着かせることができるというわけです。

これが金融政策と財政政策です。２０１２年に発足した第二次安倍晋三内閣の経済政策アベノミクスの「３本の矢」のうち、第一の矢が金融政策で、第二の矢が財政政策です。さらに、第三の矢に「新規事業と新しい開発」を置きましたが、これはなかなかうまくいかないわけですね。

このように日本の場合は、中央銀行と政府が協力しながら、景気をコントロールしようとしています。一方、ＥＵの場合はどうなのでしょうか。

通貨統合のデメリット

ユーロ紙幣は、欧州中央銀行（ＥＣＢ）が発行することになっています。ＥＣＢが紙幣を発行するということは、政策金利もＥＣＢが決めるということになります。日本における日本銀行の役割は、ＥＣＢが担うということですね。

しかし、ここで問題が起きます。

ヨーロッパ中の景気が良かったり悪かったりすれば、ＥＣＢも迷うことなく仕事ができます。ところが、実際には、その時々で「景気がいい国」と「悪い国」がある。

例えば、ギリシアの景気は悪いけれども、ドイツの景気は良かったとします。

さあ、ＥＣＢはどうすればいいのか。

もしここで、ＥＣＢが金利を下げると、ギリシアにとっては景気浮揚につながるかもしれませんが、ドイツにとっては、景気が過熱し過ぎてインフレになってしまうかもしれない。

ＥＣＢは、ヨーロッパ全体を見通しながら金利を決めるので、結局は、中間を取ることになる。すると、ドイツのように景気の良い国は、そのままどんどん景気が良くなるし、ギリシアのように、本当はもっと金利を上げなくてはならない国は、不景気から脱出できないということになる。そうして結果的に、**ヨーロッパの国の中で、景気動向の格差が広がっていく**ということが起きているのです。

ヨーロッパが統合されたことで、国家単位での金融政策をとれなくなってしまった。すると、**各国ができることは財政政策のみ**となります。つまり、景気を上げようとする場合は、赤字国債をどんどん発行して、そのことで景気を良くするしかないわけです。

この「ヨーロッパ統合によるデメリット」は、ユーロ発行当初から懸念されていて、杞憂にはなりませんでした。実際に、２００８年のリーマンショック以降、「効果的な金融政策を打つことができない状況」がヨーロッパを苦しめています。

アメリカで投資銀行リーマンブラザーズが経営破綻したことにより、世界的に金融不安が広がり、ヨーロッパでも景気がどん底に落ち込みました。もちろんECBとしては、金利を下げるわけですが、効果的なレベルでは引き下げることができない。もし一気に引き下げてしまえば、そこそこ景気の良い国が一気にインフレになってしまうからです。そこで、それぞれの国が「ECBには頼っていられない」ということで、自国で大量の赤字国債を発行し、経済をなんとか立て直そうとしました。こうして、ギリシア、イタリア、スペイン、ポルトガルで大量の赤字国債が発行されることになったのです。とりわけ悲惨だったのはギリシアです。赤字国債を出して、国家の経営状態が赤字になっているということを、諸外国に隠していた。政権交代が起こり、新たな政権が過去の財政状況を調べてみたら、前の政権が危機的な経済状況になっていることを「隠していた」ことがバレてしまい、一気にギリシア危機（2010年）に発展したのです。

そして、このギリシア危機は、ギリシア一国の危機だけにとどまりませんでした。ギリシア国債は暴落し、ユーロの通貨価値は下がりました。ギリシア危機は、ユーロ危機に発展していったのです。

では、「ユーロ安」になると、何が起きるのか。

ユーロ加盟国内での格差が一段と増していくことになります。どういうことでしょうか。日本に置き換えて考えてみましょう。日本において、「円安」になると儲かる産業があります。そうです、輸出産業です。自動車を中心に「外国」に売る製品は、「円安」のほうが都合がいい。では、ユーロ加盟国で力を持っている国はどんな国か。輸出品の強い国ですね。具体的に言えば、ドイツです。ドイツは自動車を**外国に売って稼いでいる。こうした国はユーロ安のほうが、都合がいい**のです。こうしてギリシア危機以降、極端なユーロ安になったことで、ドイツは一段と儲かるようになったのです。

本来であれば、中央銀行は、金利の調整をすることで、景気の動向を落ち着かせなければいけません。しかし、ユーロの場合は、国単位での調整ができないことで、**景気の良い国はどんどん景気が良くなり、景気の悪い国はいつまで経っても不景気から脱出できない。**それだけではありません。**不景気な国が危機になればなるほど、ユーロの通貨価値が下がるので、輸出産業が強く、景気の良い国はさらに景気が良くなる**という状況になってしまったのです。

「欧州合衆国」の成立までは時間がかかる

もちろん、最終的に「欧州合衆国」を作り、すべてを一つにしてしまえば、こうした問題は起きなくなります。こうなれば、「一つの大きな国」ができたということですから、財政政策も金融政策も、日本やアメリカと同じように、バランスを見ながら執り行うことができます。

ただ「欧州合衆国」の成立までは、かなりの長い時間を要すると思います。というのも、「EUには加盟したいと思ったけれども、欧州合衆国は勘弁してほしい」と反発する声は確実にあがると考えるからです。

例えば、さきほど解説した財政政策とは、つまり税金をどう使うか、予算をどう編成するか、という問題です。この予算編成権というのは、国家にとっては、もっとも重要な「権力の源泉」と言ってもいい。なぜ政権に権力があるかといえば、「予算を編成できるから」です。**欧州合衆国ができてしまえば、その権力の源泉を、欧州合衆国に預けてしまうことになる。**はたしてそれでいいのか。特に、**小さな国が「自分たちの国が犠牲にされてしまう可能性の高いものには賛成できない」と考えるのも、自然なこと**ですね。ですから、実際に、「欧州合衆国にしよう」ということで、「欧州憲法」と「国歌」そして「国旗」を定める動きもあったのですが、「合衆国化」については、反対も多く、なかなか前に進んでいないのです。

では、もし「欧州合衆国」が作られた場合、国旗は、現在すでに「EUの旗」として使われているものが国旗になるとして、国歌はどんな曲になる予定だったでしょうか。少し考えてみてください。みなさんの知っている曲です。

はい、そうですね。暮れになるとよく耳に入ってくる曲。ベートーベンの交響曲第九番から「喜びの歌」です。合唱曲の部分ですね。実は、この曲が「EUの歌」ということになっているのです（1972年採択）。

2017年、フランスの大統領選挙で、エマニュエル・マクロンが当選しました。マクロン大統領が当選確実となった時、ルーブル美術館の前に仮設の演台ができて、そこで彼は演説をした。彼が演台へ向けて歩いてくる時にバックで流れていたのが、この「喜びの歌」でした（通例はフランス国歌を流します）。マクロン大統領は「EUを強化する。EUは大事なんだ」という主張をしていたので、EUのシンボルとしての「喜びの歌」を流したというわけなのです。

ドイツ人の驚くべき効率性

ギリシア危機に関連して、一つこぼれ話をご紹介しましょう。

信用危機に陥ったギリシアは、国債を発行しても、高い金利をつけないと売りさばけない状況になりました。ギリシアにお金を貸す側としては、「高い金利をもらわないと、破綻するリスクのあるギリシアになんてお金を貸せない」というわけですね。そうして一時的には、金利が年利35％にもなったことがあります。１００万円借りると、翌年１３５万円返さなければいけない。消費者金融も驚くような金利になってしまった。ただでさえ、経済危機に陥っているギリシアが、このような高金利の借金をしても、返せるはずがありません。「このままではギリシアが本当に破綻してしまう」ということで、仕方がなくドイツやフランスが支援をすることで、なんとかギリシア危機を抑えることができたのです。

この時、身銭を切ってギリシアを助けたドイツのメルケル首相は「ギリシア人はもっと働きましょう」と言いました。世界中の多くの人は「ギリシア人は働いていないから経済危機に陥ったのだろう」となんとなく思っていたので、「うんうん。それはそうだ」とメルケル首相の話を受け止めた。ただ、実は、ギリシア人は「働いていなかった」わけではなかったのです。

ＯＥＣＤ（経済協力開発機構）の調査（２００９年）によると、なんと**ギリシア人のほう**

が、ドイツ人よりも年間の労働時間が長かった（国別ランキング4位。ドイツは38位）。**ギリシア人は、個人経営の事業主、つまり個人商店を営む人が多いのですが、彼らは会社勤めのサラリーマンよりも長く働く傾向がある**わけですね。それこそ、朝早くから夜遅くまで年中休まず働いている人がたくさんいた。

一方、**ドイツ人のサラリーマンはほとんど残業をしません。**時間内は徹底的に働くけれども、残業はしない。時計が午前9時を指すと同時に仕事を始め、12時まで脇目も振らずに働き、12時になった瞬間に仕事をやめて、13時までしっかりとお昼を食べて休憩する。そして、13時になるやいなや仕事を始め、17時きっかりで仕事をやめて帰る、というわけです。そして、夏休みは1カ月間しっかり取ります。フランス人が夏休みのバカンスを長期間取るというのは、よく知られていますが、実はそのフランスよりもドイツのほうが、平均のバカンス日数が多いのです。

驚くべきは、ドイツ人の効率的な働き方です。仕事の時間とプライベートの時間をしっかり分けて、密度の濃い働き方をしている。そうしたことの積み重ねが、今のドイツの力強い経済を支えていると言えるでしょう。日本でもさかんに「働き方改革」が叫ばれていますが、このあたりは、日本人も見習わなくてはいけない点だと思います。

なぜイギリスはEUから離脱しようとしたのか

ここまで、EUの基本思想から成立過程まで、順番に解説してきましたが、いよいよ三時限目の冒頭の問いにお答えしましょう。

なぜイギリスはEUから離脱することになったのか。

もちろんさまざまな問題が絡み合った結果ではありますが、**もっとも大きな理由は、「移民問題」**と言えるでしょう。

イギリスに大きな決断をさせた「移民問題」を考えるにあたって、まずは、用語の定義をしっかりと押さえておきましょう。

あなたは「移民」と「難民」の違いをご存じでしょうか。「移り住んでくる」という意味では同じですが、「移り住む」経緯や背景を考えると、「移民」と「難民」は、まったくの別ものです。

EU圏内というのは、どの国でも自由に移動して、住居を構え、働くことができます。言ってみれば、神奈川県から東京都に引っ越すのと同じように、EUの中なら自由に引っ越しができる。**そのルールを利用して、移動しているのが、「移民」**です。

2004年に東ヨーロッパの国々がEUに加盟した後、ポーランドやブルガリア、ルーマニアなど労働賃金が低く抑えられていた国の労働者たちは、大挙してイギリスに渡りました。主に農園労働者ですね。

彼らからすれば、当然の選択です。イギリスに行けば、自国にいるよりも、はるかに高い給料がもらえる上（イギリス人の労働者と比べると低い賃金ですが、それでも自国でもらえる賃金よりはずっと高い）、充実した社会保障も享受できるのですから。イギリスという国は、社会保障制度が整備されていて、基本的には、病院に行けば、無料で診察してもらえます。こうして東ヨーロッパの国々の労働者がイギリスに押しかけた結果、ポーランドやルーマニアのあちこちに、豪邸が建つということが起きました。労働者たちは、イギリスで真面目に働いて、そのお金を故郷に仕送りしたということですね。ただし、これもイギリスが「EU」に加盟しているからこそ、できたことです。イギリスはEUから離脱してしまえば、ポーランドやルーマニアの労働者受け入れをコントロールすることができます。

一方、「難民」というのはどういう人たちを指すのでしょうか。

「難民」とは、「自国にいると迫害を受けてしまう、あるいは受ける恐れがあるので、海外に逃れる必要のある人」ということになります。この「難民」については、難民条約に加盟している国（ちなみに日本も難民条約に加盟しています）は、受け入れを拒否することができません。難民がやってきて「助けてください」と言われれば、無条件に受け入れなければいけない。

しかし、この「難民」を偽装する人もいます。「とにかく働きたい」というだけで、難民のふりをして国内に入ってくる人もいる。そうした偽装難民は、まず国内に入れた上でチェックをし、「難民」と認められない場合は、お引き取り願うわけですね。

2015年から2016年にかけて、ドーバー海峡に面したフランスのカレーの海岸に「イギリスに行きたい」という難民が集まって、空き地にテントを張って、難民キャンプを作ってしまったことがありました。難民キャンプというのは、普通は国連や政府が作るものですが、「イギリスに行きたい」という難民たち（主にシリアや中東あるいは北アフリカの人たちでした）が、自分たちで作ってしまった。今解説した通り、国に入ってきた難民に「私たちは難民です」と言われれば、その国は難民条約に基づいて受け入れなければならない。ただし、国に入る前の段階であれば、「不法入国」という形で阻止することができるのです。イギリスはシェンゲン協定に加盟していません。ですから、フランスからイギリスに入ろうとしても、パスポートがなければイギリスに入れない。イギリスとしては、フランスにいる難民を、イギリスに入れるわけにはいかないということで、しっかりと「パスポートを持っているかどうか」をチェックする態勢を整えました。「難民の入国を阻止」というと、「かわいそうな難民の受け入れを認めない」ということで、何やらイギリスが悪いことをしているようにも聞こえますが、イギリスとしても「誰でも彼でも受け入れますよ」というわけではありません。少なくとも「フランスにいるのであれば、フランスに受け入れてもらいたい」というわけです。しかし、難民たちは、なんとしてもイギリスに行きたい。「フランスからイギリスに行くトラックの荷台にまぎれ込んででも、イギリスに潜り込みたい」とチャンスをうかがう人たちが集まってしまったのです。

トラックの荷台に隠れてでも、イギリスに入国を果たすことに成功すれば、イギリスとしては難民条約に基づいて難民申請を受け入れなければならないので、とにかく「入国」を狙う、という構図になっていた。

さて、その難民たちがおとなしくイギリスに「密入国」する機会をうかがっているのかと言えば、そんなことはありません。キャンプでは、麻薬類の取引が行われるようになり、売春まで行われるようになりました。そこでフランスは2016年、難民キャンプを潰して、難民たちをフランス国内のあちこちに移動させました。結果的に、カレーの難民キャンプを出た難民たちは、パリ市内などでホームレスになり、実は今、また続々とカレーに戻ってきているのです。また「イギリスへ入国する」チャンスをうかがうためですね。

なぜそこまでしてイギリスに行きたいのか。

まず、**イギリスであれば、働く場所、あるいは社会保障が充実している。**そして、**イギリスなら英語が学べます。あるいは英語ができる人たちはイギリスに行けば、コミュニケーションがとれる。**さらには、かつての大英帝国は世界中に植民地を持っていたので、それぞれの植民地の出身者たちがイギリス国内にコミュニティを作っている。例えば、アフガニスタン出身者やパキスタン出身者などが集まって、それぞれの出身ごとにコミュニティを作っている。**イギリスに入って、そのコミュニティに行けば、仕事の紹介その他、いろいろと助けてもらえる。**イギリスは、そうした「快適に生きるため」の要素が充実している国なのです。

さて、イギリスが「移民問題」に悩まされた背景には、まさに、この**「イギリスは、世界中の多くの国の人にとって行きたい場所だ」**ということがあります。福祉が充実していて、仕事もある。軍事政権が日々革命軍と衝突しているということもなく、比較的安全な生活を営むことができる。「難民」たちに限らず、ヨーロッパの中でも、まさに「行きたい国」だったということです。

もちろん、外国から人が入ってくることで、労働力や消費を担う人間が増える面もあります。少子高齢化に悩む日本では、「移民」で労働力を補うしかないのではないか、という議論も活発です。しかし、限度というものもあります。イギリスでは、２００４年に東ヨーロッパ諸国のＥＵ加盟が決まった時から、かなり「寛容な」移民政策をとってきました。**イギリスは６０００万人ほどの人口の国ですが、この10年間で数百万人規模の移民を受け入れてきた。そうしたことによって、「外国人によって仕事を奪われている」「外国人が大量に入ってきたことによって、せっかくの公共サービスを享受しにくくなっている」と感じる人が出てきたのです。**

彼らの積もり積もった不満は、２０１６年6月23日の国民投票において、「ＥＵ離脱に賛成52%」という形で、表面化したということです。ちなみに投票率は72%でした。

繰り返しますが、イギリスはＥＵから離脱しても、「難民」の問題からは逃げることはできません。それはイギリス国民はみんなわかっていることです。しかし、それでも「移民」の問題だけでも解決したい、ということでＥＵからの離脱を決めたのです。

ただ、実際に離脱するまでは、さまざまな手続きが必要ですから、２年間かかる。そこで、「今のうちだ」というので、ブルガリアやルーマニアから大勢の「移民」がイギリスに押し寄せているそうです。少しでも受け入れる外国人の数を減らしたいイギリスにしてみれば、頭が痛い。

これが「イギリスのEU離脱（ブレグジット）」の背景と現状なのです。

四時限目

ソ連からロシアへ

スウェーデンも「社会主義」国家なのか？

国際情勢を分析するという時に、ロシアの存在を抜きに考えることはできません。今後のアジア各国がどのような政治的な綱引きを行うかを検討するにしても、三時限目で紹介したEUの今後を占う上でも、原油の価格がどうなっていくのかを予想するにしても、ロシアは大きな存在になります。四時限目は、このロシアという国について、詳しく解説していきます。

ロシアの前身であるソ連とはどのような国だったのか。そのソ連がどのような経緯でロシアになったのか。そして、現在のロシアはどのような国なのか。

さあ、順番に見ていきましょう。

「ソ連」とは、ソビエト社会主義共和国連邦の略称です。ソ連は、社会主義と呼ばれる政治体制を採用していました。国名にも「社会主義」と入っていますよね。まずは、ここから解説をしていきましょう。ソビエトが目指していた「社会主義」とは、いったいどのようなものなのか。

実は、世間で「社会主義」と呼ばれているものには、大きく分けて「二つ」あります。正確には、**「社会民主主義」**と**「社会主義」**がある。

「社会民主主義」というのは、スウェーデンやフィンランド、デンマークといった北欧の国々が採用している政治方針です。**「民主」という言葉が入っている通り、政治決定は基本的に「民主主義国家」と同じように行われます。**政権交代が起きる時も、選挙を通して、平和に政権交代を果たす。誰かが独裁的に政治決定をするのではなく、政治決定は、あくまで「民主的」に進みます。しかし、それならばどうして単に「民主主義」と言わずに、「社会」という言葉を入れて「社会民主主義」というのか。それは、「社会民主主義」においては、選挙を通じて選ばれた与党が目指す「国の姿」が社会主義的だからです。

「大きな政府」について、109ページでも触れましたが、この「大きな政府」とは、大きなビルに執務室をドンと構えて、政府の職員をたくさん増やす、といったことを意味しているわけではありません。政治の方針として「社会福祉を充実させること」を重視する政府を指して、「大きな政府」と言います。

「大きな政府」は、企業の経済活動に対して厳しい規制をかけたり、たくさん税金を取ったり、ある意味では窮屈な政策を採用します。その代わり、失業したとしても多額の失業保険をもらえるようにしたり、教育費や医療費は国が全額負担するようにしたり、そうした保障は充実するようにする。日本では、「消費税を10％に上げよう」ということで大揉めになっていますが、デンマークでは、すでに消費税は25％（1992年から。1967年に10％になった）かかります。生活必需品についても消費税率を引き下げるといった「軽減税率」もありません。日用品から高級品まで、何を買っても25％の消費税がかかる。しかし、医療サービスも教育サービスもすべて無料で享受できます。反対に「小さな政府」というのは、規制もできるだけ少なくするし、税金も安くするけれども、公共サービスについては必要最低限だけの整備でとどめて、あとは自分たちの責任で暮らしてくださいという政治方針で、二時限目に解説したアメリカなどが典型例です。

また、「社会民主主義」というのは、「労働者を守る」ために経済活動に関してはさまざまなルールを課しますが、一方で、民主主義の尊重についても、とても重きを置かれます。例えば、言論の自由などは、もっとも重視されます。「国境なき記者団」というNGOが、「世界の報道自由度ランキング」というのを発表しているのですが、北欧諸国は軒並みトップクラスに入っています。また、イギリスの経済誌『エコノミスト』を発行しているエコノミスト社のシンクタンクも「世界民主主義ランキング」を発表しているのですが、ここでも北欧諸国はトップクラスに名を連ねます。
これが、「社会民主主義」です。

「共産主義」と「社会主義」の違い

ただし、今回の本で詳しく解説をしたいのは、「社会民主主義」ではありません。もう一つのほうの、単に「社会主義」と書く、社会主義についてです。

こちらの「社会主義」は、ソ連や中国、キューバ、ベトナム、北朝鮮が採用していた政治体制、あるいはそうした政治体制を築こうとする思想のことを指します。

資本主義は、個人や企業に私有財産の所有を認め、それぞれが所有を認められた「資本（お金）」を増やすことを良しとして、「みんなが資本（お金）を増やそうと努力すること、工夫すること」こそが、社会全体を良くしていくだろうという思想です。できるだけ自由な経済活動を認めて、個人や企業に積極的に競争をしてもらう。その結果として、市民が求めるさまざまなサービスや製品が生まれて、社会が豊かになっていく、という考え方ですね。

社会主義は、そうした資本主義の陰の部分に注目する中で、生み出された思想です。例えば、企業は競争に勝っていくために、労働者を長時間働かせたり、報酬を抑えたりすることもあるわけです。ある程度までは「企業努力」の一つかもしれませんが、常軌を逸したものとなると、話が変わってくる。企業が競争することが市民を豊かにするはずだったのに、労働者が次々と倒れるようになると、市民を苦しめているということになる。社会主義は、そこを是正しようとするわけですね。

資本主義の対極の思想というと、あなたは「共産主義」という名前を頭に浮かべるのではないでしょうか。実際、共産主義というのは、資本主義とは真逆の考え方です。労働者たちはそれぞれ自己実現のために喜びをもって働くようになる。すると、生産性が向上し、社会が非常に豊かになる。社会が豊かになれば、ありとあらゆる物質が潤沢にある状態になるので、窮乏というものがなくなる。労働者たちは欲しいものを何でも手に入れることができるようになる。そうなれば富をめぐっての争いがなくなる。つまり、犯罪もなくなる。したがって、警察力を持つ国家というものが必要なくなる。国家が消滅して、国境がなくなる。国境がなくなれば、戦争もなくなる。人類すべてが、平和に暮らせるようになる……。まさに資本主義とは正反対の考え方ですね。まあ、ユートピアと言っていいでしょう。

では、「共産主義」と「社会主義」は何が違うのでしょうか。

実は「**社会主義**」というのは、**あくまで「途中経過のための妥協案」として考案された思想、政治体制**です。つまり「**将来的には共産主義を実現したい。ただ、いきなり実現するのは難しいので、その途中経過として社会主義的な政治を行う**」ということです。「資本主義」の思想の対極には、「共産主義」があります。その「**共産主義へ向かう途中経過」として、「社会主義」が生まれた**ということになるのです。

ソ連や中国は、「共産主義的な理想を目指そう」としました。ですから、ソ連も中国も、権力を持っているのは共産党です。「まずは、資本主義を力で倒す。そして共産主義という理想を目指す。そのためにはまず社会主義を実行しよう」と考えたのです。

この「力で倒す」というのは、レトリックではありません。ソ連の共産党も、中国の共産党も、本当に「力」を使って、資本主義を倒します。

ソ連では、1917年に、二度の革命が起きます。「二月革命」では、数万人規模の労働者が当時の首都ペトログラードでデモを起こし、ロシア帝政を倒し、立憲民主党による臨時政府が打ち立てられました。「十月革命」では、社会民主労働党の中の急進派勢力のボリシェヴィキにより、臨時政府が倒され、「評議会」が作られます。この「評議会」に、軍人たち、兵士たち、労働者たち、農民たちが集まり、「どうやって共産主義の国を作ろうか」という話をしていたわけです。この評議会のことを、ロシア語で「ソビエト」と言います。ロシア革命が成功したあと、社会主義共和国が15できました。この15の国が集まって、一つの連邦を作るという形を取った。50の州が集まってアメリカ合衆国ができたのと同じことですね。そして、この革命において重要な働きをした「ソビエト」を冠として、1922年、ソビエト社会主義共和国連邦という国名がつけられたのです。この一連の革命により、帝政は倒れましたが、労働者や軍人に数万人もの死傷者が出ました。

中国では、1945年から5年にわたる激しい内戦の末、中国共産党が国民党政権を倒しました。正規軍だけを数えても中国共産党軍と国民党軍あわせて300万人を超える軍隊が参加した大規模な内戦でした。

このように、**選挙を通じてではなく、軍事力を使って、資本主義政権をひっくり返す。そして、独裁政権のもとで社会主義を実現し、将来的には共産主義に持っていこうとする。これが共産党の基本的な方針**です。

処刑対象者の数がケタ外れ

共産主義革命の恐ろしいところは、単なる「政権交代」にとどまらないところです。革命が起きると、前政権の幹部たちは処刑されてしまうことが多いわけですが、**共産主義革命においては、処刑の対象者がケタ違いに多い。**ソ連では、前政権の幹部たちどころではなく、「資本家全員」「大地主全員」が処刑されてしまうことになった。

なぜこのようなことが起きたのでしょうか。

共産主義の支持者は、基本的に、「資本主義は悪である」という前提で話を始めます。資本主義というのは、ひと握りの資本家が労働者を雇い、徹底的にこき使う。それぞれの企業は、そうして金儲けに走る。だから、労働者は徹底的に搾り取られる。非人間的な労働を強いられる。ひいては人間として破壊されていってしまう……と、このように考えています。だからこそ、「労働者の権利を守り、労働者が人間として発展できるような体制を作ろう」という共産主義思想を持つようになるわけですね。

ロシア共産党の理論的な支柱とされたカール・マルクスは、著書『資本論』（1867年）などで資本主義体制を批判しました。資本主義経済がいかに非人間的な体制なのかを、事細かに分析しました。そうして、「資本主義ではダメなんだ、みんなが平和に豊かに暮らすためには共産主義が必要なんだ」と論じました。しかし、「共産主義を実現するためにはどうしたらいいのか」「資本主義に代わる社会主義あるいは共産主義はどのようなものなのか」については、ほとんど触れていません。つまり、これらについては、実際に資本主義をひっくり返した革命家たちが自ら考えなければならなかった。そして、革命の実行者であるウラジーミル・レーニンそれからヨシフ・スターリンが、1917年のロシア革命以降に取り組んだことが、まさに「すべての資本家と大地主の処刑」だったのです。

注意しなくてはいけないのは、「代表的な資本家の処刑」ではない点です。処刑の対象になったのは、「すべての資本家」でした。極めて乱暴な手法と言えるでしょう。そして資本家を処刑した後で、ソビエト共産党は、すべての企業を「国のもの」としました。つまり国有企業としてしまった。こうして労働者は全員が、国家公務員となった。国有企業は、民間企業のように競争に敗れて、従業員を解雇することもありません。国が計画を立てて、企業間の競争を一切なくしてしまえば、企業が倒産することもありません。労働者としては、クビを切られる心配もなくなり、安心して働くことができるようになった。

また、大地主たちを処刑した後で、共産党政権は、大地主の持っていた土地を、すべて国のものにしてしまいました。それを国民に安い料金で貸し出した。これまで、大地主から要求される高い土地代に苦しめられていた農民たちは、大変に喜びました。

こうして、ソ連という国が形作られていったのです。

ちなみに、日本の共産党もかつては「武力革命」を謳《うた》っていたことがあります。しかし、今は違います。あくまで平和的に、「選挙を通じて政権を取る」という主張をしています。今の日本共産党は、かつてのソ連共産党や中国共産党のようなやり方はするつもりはない、と言っています。

理想に燃えた国づくり

革命者たちとしては、真剣に「理想」を目指したに過ぎません。資本主義は、労働者の権利を守るようなことはしない。労働者の中には、朝から晩まで徹底的にこき使われて、貧しさに苦しみながら、過労死をする人もいる。このような資本主義をひっくり返すためには、資本家を一掃する必要がある。そして実際に、資本家たちを処刑しました。

しかし、こうしたロシアの行動に、世界の国々は恐怖心を持ちます。そして、周囲の資本主義の国々がロシアに対して介入を始めます。その一つが、1918年から1922年にかけて日本、イギリス、アメリカ、フランス、イタリアなどが合同でシベリアに軍隊を送って、ロシア革命を潰そうとした「シベリア出兵」です。この介入はうまくいきませんでしたが、ソ連の指導者たちからは、「敵意を持った資本主義諸国に取り囲まれている」というように見えました。「資本主義諸国は、我々を潰しにかかろうとしている。資本主義の思想をソ連の中に流布しようとしている。それをなんとか阻止しなければいけない」。そのために彼ら指導層がしたことは何でしょうか。

「言論の自由」「表現の自由」の規制です。

将来的に共産主義が確立すれば、国境がなくなり、国家がなくなり、みんなが自由にいくらでも表現をすることができるようになる。しかし今は、その理想社会に向かう途中経過であり、敵意を持った資本主義諸国に囲まれている以上、「言論の自由」「表現の自由」を規制するのは仕方がないと考えました。

すべてを指導するのは共産党です。国家のあらゆるところに共産党員がいて、すべてを動かす。これがソ連の仕組みでした。

ソ連成立直後は、うまくいきました。

ロシア皇帝のもとで苦しい生活をしていた人たちは、「これからは君たち労働者や農民こそが主人公になる社会になるんだ！」と言われて、大いに奮い立った。「さあ、豊かになろう」と一生懸命働きました。ですから、**ソ連が成立した直後は、経済も大いに伸びま**

した。資本主義の場合は、景気の好況・不況がありますが、共産主義の場合は、すべてエリートたちが作った計画に則って経済活動が行われますから、好況も不況もありません。労働者は全員国家公務員ですから、クビになることもない。みんな安心と希望を胸に、一生懸命働いた。

周囲の国から見ても、非常にうまくいっているように見えました。

こうして、隣の中国も、カリブ海のキューバも、あるいは第二次大戦後独立を果たしたアフリカ諸国も、「ソ連と同じようなやり方で国を統治すれば、経済が発展するのか。よし、それじゃあ、うちもやってみよう」と考えて、社会主義を導入する国々が増えていきました。

ただ、この社会主義国家の隆盛は、それほど長くは続きませんでした。

社会主義の問題点

社会主義国家になると、労働者たちは全員が国家公務員ということになります。ですから、一度、職が決まってしまえば、働いても働かなくても、給料は同じ。クビを切られることもありません。

そうすると、何が起こるか。

簡単ですね。自分の胸に手を当ててみればすぐにわかります。「サボる」連中が出てきました。

何人かがサボっているくらいであれば、他の人の頑張りで吸収できるのですが、事態は悪い方向に大きく進んでしまいました。

社会主義国家においては、サボった人間の給料も、一生懸命働いている人の給料も同じです。ここで差をつけてしまうと、結局、「競争」を是とする資本主義国家と同じになってしまうので、ここは社会主義国家としては譲れない点です。

しかし、一生懸命働いていても、サボっていても同じ給料だとなると、それまで真面目に働いていた人が「全然働かないあいつの給料と、一生懸命働いている俺の給料が同じなのはおかしい」と次第にやる気を失っていってしまったのです。そして「働いているフリをしていればいいや」ということになった。

労働者の意欲が低下しただけではありません。

購買者にとって魅力的な「商品」を作ったり、「サービス」を提供したりすることもできなくなっていきました。どんなに一生懸命働いたとしても、作ったり売ったりしているものが、そもそも「市民から必要とされないもの」であったならば、商売が成立しなくなっていきます。

マルクスは、「資本主義は資本家たちが自由な経済活動をすることによって、発展するものだけれども、その一方で、とんでもない不況になる場合がある」ことを批判していました。そこでソ連の指導者たちは「経済活動の計画を、個々の企業経営者に任せておいてはいけない。国がすべて計画を立てるべきだ」と考えた。実際に、ソ連になってからは、毎年、鉄をどれだけ生産するのか、石炭をどれだけ掘り出すのか、あるいは服を何着作るのか。そうしたことを、すべて国で決めて、コントロールしていくことになった。

女性がどんな服を着るか、どんな靴を履くかも国が決める。資本主義においては、それぞれの企業が「どんなものが流行するか」「実は、女性たちはこんな靴を欲しがっているのではないか」を必死に考えて、生産します。買い手から支持を受けたものが生き残り、支持を受けなかったものは淘汰《とうた》される。ヒットした商品はたくさん売れて、その商品を作ることのできる企業は生き残り、さらに多くの売れる商品を作るようになる。一方、売れる商品を作ることのできない企業は潰れてしまう。そうして、市場からは「売れない商品」が少なくなる。こうして、買い手にとって「魅力的な市場」が作られていくのです。

社会主義国家においては、企業は「買い手が喜ぶような商品を作ろう」とさまざまな工夫をすることはありません。国の計画に沿って、淡々と事業を動かすだけです。競争も起きません。すると、全国どこの店にも、同じ靴や同じ服しか並んでいないということになる。しかも、デザイン上の工夫も特にしていない。例えば、資本主義国の人たちからすれば、ただの長靴にしか見えないものが、女性用のブーツとして売られているようなことになる。女性たちは「こんなダサいものなんか欲しくない」ということになり、だんだんと物が売れなくなっていくわけです。

「企業が潰れてしまう」という点を、社会主義は「大変な無駄だ」と考えたわけですが、実際に社会主義を運用してみると、「生産されたものが、消費者に受け入れられずに売れ残ってしまう」ということで、より大きな「無駄」が出てしまうようになったということです。

無駄は、これだけにとどまりません。

ダサいものを身につけたくない共産党の幹部たちが、権力を利用して、海外からおしゃれな洋服や靴を店に命じて輸入させることがある。それを自分が優先的に購入するわけですね。しかし、おしゃれな洋服や靴を身につけたいのは大衆も同じですから、お店に並んでも買おうとします。こうして、ある日突然、お店に素敵な商品が並ぶと、その店の前に長蛇の列ができるようになる。ここまでは「無駄」とは言えません。資本主義の国においても、魅力的な商品が並べば、その店の前に列ができるのは珍しくない。

ただ、あまりにも「魅力的な商品」に飢えている社会主義国家では、さらに深刻な状況になります。人々は、**「行列ができている店には、良い商品が売られているに違いないから、とりあえず並んでみよう。自分は欲しくないものでも、誰かに転売できるだろう」**と考えるようになる。こうして人々は、いつも買い物袋を手に街に出るようになる。もし街を歩いていて、行列があったらそれに並んでみようということになる。特に欲しくもないものに、多くの人間が「並ぶ」ことになる。まさに無駄ですね。

無駄だけではなく、腐敗も広がっていきます。共産党の幹部たちのように財力のある人たちは、**「並ぶくらいだったら、店員に袖の下を渡して並ばずに買わせてもらおう」**と考える。こうして、**汚職が広がっていきます。**

普通は、与党の党員が賄賂などの不正に手を染めているようなことがあれば、新聞やテレビが批判をします。しかし、報道の自由がなく、「どんな情報を国民に公開すべきか」を共産党にコントロールされているソ連では、「国の悪口」は一切出てこない。政治家や権力者に対する批判報道は一切行われません。いわゆる自浄作用も働かない。

理想の社会を目指したはずのソ連ですが、ふと気がつくと、経済の生産性は停滞し、汚職が蔓延《まんえん》していました。国として、すっかり行き詰まってしまったということです。

ソ連の農業が崩壊するまで

さらには、農業が崩壊します。

社会主義の思想においては、「資本家は労働者を虐げている」ことになっています。では、そもそも、資本家と労働者は、どこで区分けされるのかと言えば、「生産手段を持っているかどうか」で分けられます。例えば、資本家は工場や生産ラインを持っている。一方、労働者は生産手段を持っていません。持っているのは「労働力」だけです。だから、労働者は自らの労働力を資本家に売り、それに対する報酬で生活するしかないということになる。マルクスは資本主義の体制を、このように分析したわけですね。そして、ソ連においては、資本家の生産手段を取り上げて、「資本家」の存在を駆逐して、労働者を主人公にしようとしました。

しかし、問題がありました。はたして、農民はどうなるのか。

ロシア革命が起きる以前の帝政ロシアの時代は、大地主がいて、大地主が農地を持っていました。農地と農機具も、みんな大地主のものでした。それに対して、小作農は、大地主の土地を借りて、そこで働くしかなかった。だから、社会主義としては、「大地主を殺して、大地主の農地をすべて取り上げ、農民たちが集団で管理する仕組みにすればいいんだ」と考えました。

そして、ソ連という国ができた時に、ロシア共産党は、農民たちを「富農」と「貧農」に分けました。「金持ちの農民」と「貧しい農民」に分けた。富農に分類された農民たちは900万人。この人たちは農地を取り上げられ、土地から追い出されました。彼らのうちの半分は「処刑された」とも言われています。こうして**貧しい農民たちを「主人公」にする形を作りました。**

しかし、農業の技術を一生懸命に学び、どうすれば美味しい農産物が作れるのか、どのようにすれば効率的に農産物が作れるかを熱心に研究していた人というのは、多くが「富農」でした。つまり、**「富農」を土地から追い出し、あるいは処刑した結果、ソ連から「農業のプロ」がいなくなりました。**

残った農民たちは、集団農場や国営農場で集団生活しながら、国が出した方針に基づいて働くようになった。農民たちが「国に雇われたサラリーマン」になったということです。農業は自然を相手に行うものです。いつ霜が降りるかもしれない。いつ嵐がくるかもしれない。いつ大雨がくるかもしれない……。ですから、農家の人たちは、必要であれば、夜中であっても早朝であっても、田んぼや畑に出て行って農作物の様子を見て、問題が見つかれば対処しなければいけません。帝政ロシア時代の農家の人たち、特に自分の農地を持っていた人たちは、みんなそうして農業に取り組んでいた。

ところが、ロシア帝国が倒れて、あらゆる農地が、集団農場あるいは国営農場になって、「自分の土地」ではなくなりました。するとどうなるか。人間というのは、不思議なものです。「ここは自分の土地」だと思えば、愛着も湧きます。そして、自分の農場で作られたものは自分たちで食べてもいいし、売ってもいいということであれば、一生懸命働くわけです。ところが、「ここは、みんなの土地である。そこで作られたものも誰か個人のものではない。国がしっかり計画してみんなに分ける。さあ、国のみんなのために一緒に働きましょう」となると、サラリーマンとして決められた労働時間は働くけれども、労働時間外のことは「知らないよ」ということになる。夜中に嵐が来ようが、大雨が降ろうが、「知ったことではない」ということになったわけですね。一方、自然は、資本主義の国であろうと、社会主義の国であろうと、霜は降ろすし、大雨も降らす。こうして、**ソ連の農業生産性は、どんどん落ちていきました。**

さらに、「プロの農家」の代わりに国が作った「農業方針」も、デタラメなものでした。マルクスとエンゲルスによる『共産党宣言』（1848年）という本は、「すべての歴史は階級闘争の歴史である」という言葉から始まります。封建時代は国王と市民たち、資本主義の時代は資本家と労働者と、常に異なる階級による闘争が行われていたというわけです。なんと共産党の幹部たちは、この考え方を機械的に農業にも当てはめました。

労働者階級は団結することで、資本家をひっくり返すことができた。団結の力は素晴らしい。農業も同じだろう。例えば、小麦は、広い大地の上に「びっしりとまとめて植える」ということをすれば、これまでの資本主義体制の時には想像もできなかったほどの大量の小麦が実るにちがいない。すべての作物で、これを実行できれば農業生産性は確実に上がる、と考えました。

実際に実行してみると、どうなるか。答えは明らかですね。

「びっしりとまとめて植えて」みると、風通しが悪くなって病気は出るし、水は不足する。肥料も足りなくなる。ソ連の小麦の生産性は、劇的に下がっていきました。

こうして、**あらゆる農業施策で下手を打ったソ連に、とてつもない飢餓が襲いかかることになります。実際に多数の人たちが飢え死にしました。**ソ連が崩壊したあとに独立したウクライナの国旗は、非常に象徴的です。ウクライナの国旗は、上部が青で、下部が黄色になっている。これは、青空のもとに、大量の小麦が実っている様子を表現しています。ウクライナは、もともと農業生産性が高い地域でした。「ヨーロッパのパン籠」「ソ連のパン籠」と呼ばれるほど、大量に農産物が作られていた。しかし、この時は、ウクライナですら、飢餓が発生したのです。1933年当時の写真があります。ウクライナの市場で「肉」が売られているのですが、「これも肉ですよ」ということで、人間の首が売られている。「当時は人肉が売買されていた」ことがわかる写真です。そのくらいに悲惨な事態になった。

2018年現在、ウクライナは内戦状態になっています。西部にはウクライナ人、東部にはロシア人が住んでいますが、ウクライナ人たちはロシアの影響力から逃れたい。ロシア革命後にソ連の中に入れられてしまったために、豊かだったウクライナはひどいことになった。当時の影響がいまだに後を引いているというわけです。ウクライナ人は、ソ連やロシアに対して不満、怒り、あるいは恐れを持っているのです。

1970年代、80年代になると、ソ連は大変な小麦不足に陥り、東西冷戦で敵対しているはずのアメリカから小麦を輸入するという事態にまで陥りました。

ドイツにおける壮大な社会実験

これまでソ連を舞台として、社会主義体制のネガティブな側面を紹介してきました。やはり社会主義体制は無理のある政治体制だったのでしょうか。それとも、ソ連という特殊な舞台において、たまたまうまくいかなかっただけなのでしょうか。

社会主義体制のポテンシャルについて、ある意味で「壮大な社会実験」が行われたと言えるのが、1949年に東西に分裂したドイツでした。

西ドイツは、アメリカや日本と同じような資本主義体制になりました。一方、**東ドイツはソ連の方法をそのまま真似**ました。同じドイツ民族が、東西でまったく違う経済体制で生活することになったのです。これによって、「資本主義体制」と「社会主義体制」の比較ができることになりました。民族が違うと、例えば、経済の発展に違いが出たとしても、「それは政治体制が原因ではない。民族性の違いが原因だ」といった言い方もできます。

しかし、ドイツの場合は、同じ民族で、同じ言語を使い、同じ文化を持っていながら、一方は資本主義体制、一方は社会主義体制になった。つまり、社会体制の違いが、その国の発展にどのような影響があるのかを、かなり正確に測れる題材になったというわけです。

さて、1989年、ベルリンの壁が崩壊し、東西ドイツが一緒になりました。はたして、西ドイツと東ドイツは、どのような差ができていたのか。

とりわけ顕著な差がついていたのは、自動車の生産でした。

東西分裂以後、**西ドイツでは、メルセデスベンツ、BMW、アウディ、フォルクスワーゲン、ポルシェ……と世界に冠たる高性能の車が次々に作り出されました。**一方の**東ドイツでは、東西分裂した当時の車を、そのままずっと作り続けていました。**ベルリンの壁が崩壊したあと、**東ベルリンの人たちは、約40年前から変わらない型の車に乗って、排ガスをもうもうと出しながら、西ベルリンに入ってきた。**エンジンの性能も旧式ですし、排ガス防止対策も何もしていないので、西ベルリンはあっという間にひどい大気汚染に見舞われることになった。

日本のテレビ局が、トラバントという東ドイツの自動車を日本人に見せるという企画で、実際に日本へトラバントを輸送して、公道を走らせようとしたことがあります。見た目はいいんです。小さくてかわいらしい。ただ、日本の排ガス規制をクリアすることができませんでした。結局、日本の公道を走らせることはあきらめて、スタジオで紹介することしかできなかったのです。ちなみに、このトラバントのボディの一部には、段ボールが使われていました。東ドイツにおいて、技術的な開発は、何十年間も進んでいなかったということがわかるエピソードだと思います。

旧東ドイツだったドレスデンに取材に行った時に、トラバントの愛好家と会ったことがあります。彼らは、「トラビー」と呼ばれています。エンジンだけは改造して、現在のドイツの排ガス規制の基準をクリアする状態になった自動車に、私も乗せてもらいました。驚異的な乗り心地の悪さでした。とにかく狭い。四人乗りのはずですが、とても乗れるスペースがない。エアバッグどころかシートベルトも存在しません。ありとあらゆる安全対策が備わっていない自動車でした。

行き過ぎた競争主義は、もちろん問題です。それこそ、マルクスの指摘したような「資本家による労働者の搾取」が起こり、社会はうまく回らなくなるでしょう。

ただし、「まったく競争がない」というのも、行き過ぎた競争主義と同じように、大きな問題をはらんでいる。そのことが、東西ドイツを舞台にした壮大な社会実験によって明らかになったと言えるでしょう。

スターリンは「疑い深い」

話をソ連に戻しましょう。

ソ連も自国の生産性がずるずると落ちていくのを、手をこまぬいて見ていたわけではありません。

1924年に、ロシア革命の指導者であり、ソ連の初代指導者を務めていたレーニンが亡くなると、スターリンが指導者として台頭していきます。**スターリンを指導者として、ソ連は、第二次世界大戦前後の世界的混乱期を切り抜けます。**

このスターリンの特徴を一言で言うとすると、大変に「**疑い深い人物**」でした。

まずは、自国の国民を徹底的に「疑って」かかります。例えば、こんな具合です。第二次世界大戦中に、ドイツがソ連に攻め込んできました。ソ連の中にも、少数民族がいます。西部には、特に独立心が旺盛なチェチェン人がいた。この地域は、帝政ロシアの時代に、強制的にロシアの中に取り込まれてしまったのですが、彼らはイスラム教徒です。ソ連の国民はロシア正教会の信者が多数派ですから、相容れないわけですね。もちろんロシア民族でもない。ドイツが攻め込んできたら、民族も宗教も違うチェチェン人たちはドイツの味方をするのではないかと、スターリンは疑いました。

そこで、スターリンは、**チェチェン人を、現在のカザフスタンがある中央アジアに、まとめて強制移住させます。**ソ連の中央部に連れて行ってしまえば、周辺の国と関係を結んで、ソ連を裏切るようなことはないと考えたわけですね。ある日、チェチェン人は、家財道具とともに鉄道に乗せられて中央アジアに連行される。年寄りや病人は、置き去りです。抵抗しようものなら、その場で射殺されました。

以前、カザフスタンへ取材に行ったとき、驚いたことがあります。そこには、私たちと同じようなアジア人の顔つきをした人たちがたくさんいたのです。朝鮮料理店も何店もあった。さて、これはなぜでしょうか。

北朝鮮とソ連の間には、国境線があります。実は、この国境線をまたいでロシア側にも、朝鮮民族が住んでいます。これは中国と北朝鮮の国境も同じです。朝鮮民族が住んでいる土地を横切る形で国境線が引かれてしまった。だから、国境線をはさんで両側に朝鮮民族が住んでいるわけです。

ソ連のスターリンは、朝鮮戦争が起きた時、こう考えました。北朝鮮と韓国が戦争を始めた。韓国軍やアメリカ軍が、北まで攻め上ってくることになる。すると、ソ連の国内にいる朝鮮民族が、アメリカの味方をするかもしれない。そこで、スターリンは、**ソ連と北朝鮮の国境付近にいた朝鮮民族を、中央アジアの現在のカザフスタン周辺に強制的に連れて行きました。**チェチェン人の時と同じです。

今、中央アジアで、美味しい朝鮮料理を食べることができるのは、こうした事情があるからなのです。

現在のカザフスタンにいくと、ユーラシア大陸にいるあらゆる民族の顔を見ることができます。実に多様な人々が住んでいる。これは、異常な猜疑《さいぎ》心《しん》を持つスターリンがチェチェン人や朝鮮民族だけでなく、「自国を裏切りそうな民族」を、次々と国境から離れた中央アジアに強制移住させた結果なのです。

カザフスタン周辺

歴史上、もっとも多くの人を死に追いやった独裁者は誰か

では、スターリンはソ連の国民にとって、「頼りになる指導者」だったのか。

なかなか一言で言い表すのが難しいところですが、「第二次世界大戦の英雄」である一方で、「最悪の独裁者の一人」というのが、スターリンに対する現在のロシア人からする評価となるでしょうか。

スターリン体制の時代、ソ連では、800万人もの人々が処刑されたり、強制収容所に入れられたりしました。1200万から1500万人に上るという説もあります。

では、**世界中で一番大勢の人を殺した独裁者**は誰か。

一般的には、ヒトラーだと思われています。ヒトラーはユダヤ人600万人を殺したわけですが、スターリンは自国民を少なくとも800万人以上は殺しています。

では、スターリンが、歴史上もっとも多くの人を殺した独裁者なのかと言えば、実はさらに上がいます。

中国の毛沢東ですね。毛沢東の場合は、直接、殺したわけではありません。ただ、明らかに毛沢東による政治が失敗したことが原因となって、**3000万人もの自国民が餓死**しています。

つまり、「歴史上、自国民をもっとも多く死に追いやった独裁者は誰か」と言えば、答えは、「毛沢東」になります。その次がスターリン、ヒトラーと続いて、それからカンボジアのポル・ポトとなるわけですね。

こうした**スターリンの所業について、正面切って批判をしたのが、スターリンの死後、共産党の第一書記になったニキータ・フルシチョフ**です。フルシチョフは、1956年2月25日、ソ連共産党第20回大会において、有名な秘密報告「個人崇拝とその結果について」を行います。「スターリンがいかにひどいことをしてきたか。スターリン体制の時代に、ソ連がいかに酷い国になっていったのか」を、ソ連共産党の幹部が集まる大会で報告した。この報告は、**「スターリン批判」**と呼ばれています。

ソ連国内の汚点を報告するものですから、対外的には秘密にされました。だから、ソ連共産党の幹部だけが参加する大会で行われた。しかし、この秘密報告書に書かれた問題は、「共産主義体制を採用する国々は知っておくべきことである」との判断から、ソ連の共産党大会に招かれていた東ヨーロッパや中国などの共産党の幹部たち13人にも、演説内容が印刷されたものを見せることになりました。それを読んだ彼ら共産党幹部たちは、腰を抜かさんばかりに驚きました。それぞれの国に帰って、「実はソ連では、こんなことが起きていた」と秘密報告書にまとめ、共産党員の中で共有していったというわけです。

さらに、その東ヨーロッパの国々が自国の共産党員へ知らせるために作った秘密報告書を、イスラエルの秘密諜報機関モサドが手に入れた。それをアメリカのCIAに伝えました。アメリカは、「この話を政治的に利用しよう。ソ連がいかに酷い国であったかを国民に知らせよう。世界に知らせよう」と考えます。1956年6月4日、アメリカ国務省は、この秘密報告書を全文英訳して公表。さらにその翌日の6月5日、その報告書全文が「ニューヨーク・タイムズ」に掲載されました。これによって、世界中の人々が「ソ連の内部で何が起きていたのか」を知ることができたわけです。

決して一枚岩ではなかった「東側諸国」

第二次世界大戦の後で、アメリカをトップとした資本主義国と、ソ連をトップとした社会主義国が互いに睨みをきかせ合う。こうした状況を指して、「東西冷戦」と呼ばれていました。

一時限目の地図の講義で解説した通り、アメリカやイギリス、フランスなどの資本主義国は、イギリスの世界地図では「西」に位置している国が多かったので「西側諸国」。ソ連やハンガリー、ポーランドなど社会主義国は、イギリスの世界地図では「東」に位置している国が多かったので「東側諸国」とされました。そして、この「東西」が対立をしたというわけです。

また、軍事力をもって「直接的な戦闘」を行う戦争を「熱戦」とする一方で、実際には戦闘は行わないけれども、一触即発の緊張感のあるにらみ合いが続く状況を称して「冷戦」とした。ちなみに、この「冷戦」という言葉は、『1984年』『動物農場』などを著書に持つ作家のジョージ・オーウェルが1945年、最初に使ったとされています。西側諸国と東側諸国が、直接的な軍事力を使わずに対立していた。これが「東西冷戦」です。

この冷戦期、ソ連にとって、東ヨーロッパの国々は、「自国を守るための重要な緩衝地帯」でした。第二次世界大戦で2600万人以上もの国民を失ったソ蓮としては、国境のすぐ先に敵対する資本主義国があることを、とにかく恐れていた。1979年にアフガニスタンに攻め込んだのも、アフガニスタンで反ソ連の政権が誕生するのではないかと恐れたからです。

この緩衝地帯はソ連にとって万全のものとは言えませんでした。東側諸国は、同じ「社会主義国という枠」にくくられてはいますが、決して一枚岩ではなかったのです。

ソ連は、ロシア革命以前はロシア帝国でした。つまり、民主主義の歴史を一切持っていません。封建社会からいきなり社会主義になった国です。ですから、「言論の自由」や

「表現の自由」、あるいは「選挙で自分たちの指導者を選ぶ」といった民主主義の仕組みを、国民は一度も体験したことがないわけです。

しかし東ヨーロッパの国々は違います。 例えば、チェコスロバキア（1993年からは、チェコとスロバキアに分かれています）やハンガリーあるいはポーランドなどの国々には、**民主主義だった歴史がある。** 選挙で自分たちのリーダーを選んだこともあるし、「表現の自由」や「言論の自由」があった時代もある。しかし、第二次世界大戦後に、ソ連の占領下に置かれたことから、「ソ連側の国」ということにされてしまった。もしソ連をはじめ社会主義体制がうまく機能したのであれば、まだよかったのかもしれません。しかし、これまでも解説してきた通り、ソ連をはじめとして社会主義体制は、どの国でもうまく機能しませんでした。もちろん、民主主義を知っている東ヨーロッパの国の国民たちには、不満がたまっていきます。

ですから、**東ヨーロッパでは、冷戦期にも断続的に民主化運動が起きていました。** ところが、民主化して、もしこれらの国が西ヨーロッパ側に入ってしまえば、緩衝地帯がなくなる。そのように心配したソ連は、東ヨーロッパ諸国の民主化運動を、軍事力を使って次々と弾圧していきます。こうしてソ連による軍事的な圧力によって、東ヨーロッパ諸国はソ連に従わざるを得ない、という状況が続いてきた。

ソ連国内そして味方のはずの東ヨーロッパ諸国でも、貧困と「自由のない生活」によって、国民の不満は膨らんでいました。

そんな中、ある若い人物がソ連のトップに立ちます。

ソ連が崩壊した

1985年3月、ミハイル・ゴルバチョフが共産党書記長に就任しました。この時、ゴルバチョフは54歳でした。ソ連の歴史の中で、こんなに若い指導者を立てるのは初めてのことでした。ソビエト共産党内でも、「このままではソ連が崩壊してしまう」という危機感が高まり、「若い人の知恵や実行力に賭けてみてはどうか」と考えたということですね。

さあ、ソ連は立ち直るのでしょうか。ゴルバチョフは、「ペレストロイカ」「グラスノスチ」、そして「新思考外交」の三つを柱に、ソ連という国の立て直しを図ります。

順に解説していきましょう。

まず、**「ペレストロイカ」**というのは、英語に訳すとre-constructionになります。日本語にすると**「立て直し」**。ソ連という国を立て直そうじゃないか、という意味ですね。具体的にはどのような施策をしたのか。例えば、**節酒キャンペーン**を打ちました。ソ連では、たくさん働いても、たいして働かなくても、もらえる給料は同じでした。さらに「表現の自由」「言論の自由」もなかった。その結果、大勢の市民たちは、日々の不満を紛らわせるために、ウオツカに走りました。街中を見渡すと、昼間からウオツカを飲んで酔っ払っている人が大勢いるような状態になっていた。ゴルバチョフは、「多くの国民が昼間から強いアルコールを飲んで勤労意欲を失ってしまっている。健康にも良くない。よし、ウオツカを飲まないようにしよう」とキャンペーンをはります。ウオツカの生産を減らして、値段をうんと跳ね上げさせた。あっという間にウオツカは店頭から姿を消しました。そうすると何が起きたのか。今度は、ソ連中のお店から、**砂糖が姿を消した**のです。つまりウオツカを買うことができなくなったので、人々は**砂糖を買い占めて、家でウオツカの密造を**始めたというわけですね。砂糖が店から姿を消したので、国民はお菓子を作ることもできなくなりました。また、アルコール不足を補うために、メチルアルコールを飲んで失明してしまう人もでてきました。同様の事故があちこちで起きるようになり、ゴルバチョフの人気は失墜してしまいます。「ペレストロイカ」は、**完全に失敗に終わりました。**

二番目に掲げられた「**グラスノスチ**」とは、「**情報公開**」という意味です。ソ連ではこれまで、「報道の自由」が一切認められていませんでした。その結果、国民は、自分たちの国が経済的にいかに酷い状態になっているか、汚職がいかに蔓延しているかを知らなかった。**「報道の自由」を認めることによって、ソ連の国民みんなに、共通の危機感を持ってもらう。これが「グラスノスチ」の狙いでした。**しかし、実際に情報公開をした結果、何が起きたのか。ソ連がいかに酷い状態であるかというのを知らされていなかった国民は愕然《がくぜん》としました。**「もうこんな国に未来はない」と絶望してしまいました。「グラスノスチ」もゴルバチョフが思い描いたような結果はもたらしませんでした。**

それから、三番目の**「新思考外交」**というのは、「東西冷戦をやめよう」という対外政策の方針のことです。つまり、**「西側諸国と対立するのはもうやめよう」と打ち出した。**実際に核兵器の開発を少しずつ減らしたり、「緩衝地帯」として利用してきたアフガニスタンから撤退したりして、西側諸国との関係を改善しようとします。西側諸国との緊張を緩和することで、軍事費を抑え、その分を国内問題を解決するための費用に充てようとしたわけですね。さらに、東ヨーロッパ諸国への対応も変えていきます。東ヨーロッパで起きる民主化運動に対して、軍事的な弾圧をすることはもうやめるとしました。**これら一連の政策は、1990年の東西ドイツの統一を経て、「東西冷戦」の終結につながっていき**

ます。

「ペレストロイカ」と「グラスノスチ」という国内政策については、ゴルバチョフの情熱は空回りをしてうまくいきませんでしたが、「新思考外交」という外交政策については、一定の成果を出したということです。

クリミア半島周辺

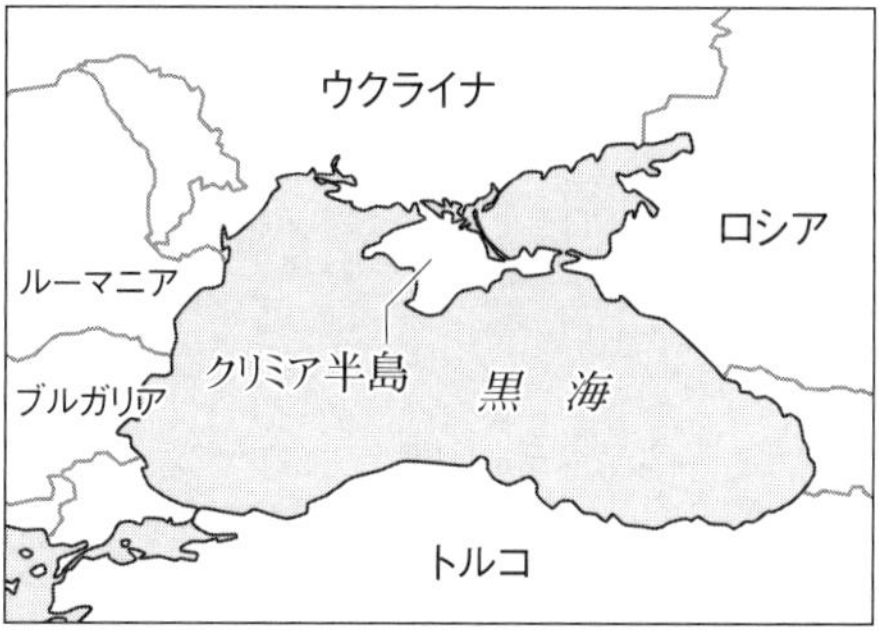

しかし、1991年8月に大事件が起こります。ゴルバチョフがソ連の最高指導者として初めて日本を訪れ、日ソ平和条約の締結や北方領土問題について、当時の海部俊樹首相と議論をしたほんの4カ月後のことでした。

ゴルバチョフの改革に反対する保守派によるクーデターが起きたのです。ゴルバチョフは一時、クリミア半島の大統領別荘に軟禁されてしまいます。

このクーデターがソ連崩壊のきっかけとなります。

この時、クリミア半島のクーデターに対抗し、ゴルバチョフを助けたのが、ボリス・エリツィンです。当時のゴルバチョフは、ロシア共和国も含めた15カ国をまとめるソ連の大統領でした。一方、エリツィンはロシア共和国の大統領だった。ゴルバチョフのほうが大きな権力を持っていたのですが、**エリツィンがゴルバチョフを助けたことによって、権力関係が逆転します。**エリツィンは、１９９１年11月、ゴルバチョフを助けてすぐに、ソビエト共産党に対して活動禁止令を出します。さらに、同年12月には、ロシア、ウクライナ、ベラルーシのソ連脱退を宣言します。**ソ連の中でも最大のロシア共和国が脱退するということは、ソ連の事実上の崩壊を意味します。**こうして、12月25日に、ゴルバチョフがソ連の大統領を辞任して、ソ連は消滅することになったのです。

ソ連を構成していた15の国は、それぞれが独立国になりました。一番大きな国はもちろんロシア共和国です。このロシア共和国が、ソ連の後継国家として、ロシア連邦となり、対外交渉などを担っていくようになります。

プーチン少年の心に刻まれたこと

ロシア連邦という国は、１９９１年に国ができてから今まで、トップは３人しかいません。一人は、ロシア連邦の初代大統領のボリス・エリツィン。そして、もう一人が、２０

18年現在も大統領をしているウラジーミル・プーチン。さらに、プーチン大統領の任期が切れていた間に一時的に大統領を務めたドミートリー・メドベージェフです。

プーチンは、現在のサンクトペテルブルクで生まれました。サンクトペテルブルクは、ソ連時代にはレニングラード（1914〜1924年の間はペトログラード）と呼ばれました。「レーニンの街」という意味で、革命の父であるレーニンの名前を借りて、名付けられていました。この街は、日本で言えば、京都のようなところです。古都ですね。ロシア革命が起きるまでは、サンクトペテルブルクが帝政ロシアの首都でしたが、ロシア革命が起きたことで、首都はモスクワに移されました。そして、サンクトペテルブルクという名前は、レニングラードという名前に変えられた。プーチンはそのレニングラードで生まれました。

レニングラードは、第二次世界大戦の時、ドイツ軍に包囲されます。街の周りをドイツ軍に占領されてしまい、物資が一切レニングラードに入ってこないという状態になった。その結果、街中では、餓死する人、病気にかかって死んでいく人が続々と出てきた。これはプーチンが生まれる前のことですが、プーチンのお兄さんも、このレニングラード包囲戦の影響で、ジフテリアにかかっているのに薬も手に入れることができずに死んでしまう。

プーチンは子どもの頃から、両親にその話をずっと聞かされて育ちました。**「国が強くなければ、市民は悲惨な生活を強いられる」**ということを、プーチンは心に刻むことになります。

このプーチン少年が、小学校の時に見ていたテレビ番組があります。これがソ連のスパイ組織のエージェントを、ヒーローとして描くドラマだった。彼はスパイのエージェントに憧れ、**「将来は自分もスパイとなって国のために貢献しよう」**と考えるようになった。そして実際に、まだ小学生の時に、ＫＧＢ（国家保安委員会）のレニングラード支局を訪ねます。ＫＧＢとは、１９５４年から１９９１年のソ連崩壊までの期間に存在した、ソ連のスパイ組織です。ＫＧＢは、国民を監視し、ソ連の体制に刃向かう者を捕まえたり、処刑したりしていました。もちろん、監視対象は自国民だけではありません。世界中でさまざまな諜報活動を行い、ソ連にとって都合の良くない相手だと思えば、暗殺する。そうしたことを、ごく普通に行っていました。ローマ法王ですら、暗殺の対象にしたことがあります。ＫＧＢが直接実行すると大問題になるので、ブルガリア人を使ってローマ法王を暗殺しようとした。結局、暗殺計画は失敗に終わりますが、この事件以来、ローマ法王は移動する際は、防弾ガラスに覆われた車に乗るようになりました。ソ連のＫＧＢと言えば、

「世界で有数の危険な組織」として、世界中から恐れられていたのです。

話を戻しましょう。プーチン少年は、KGBレニングラード支局の人に「僕は将来KGBに入りたいんですけど、どうすればいいですか」と質問をした。KGBの人は、親身になって、プーチン少年の相談に応じたそうです。彼はプーチン少年にこう言いました。

「いいか君、KGBに入りたいと思うのであれば、これから二度と『KGBに入りたい』と言ってはいけない。KGBは『KGBに入りたい』という人物は絶対に採用しない。君は一生懸命に勉強して、いい大学の法学部に入りなさい。そこでいい成績をとればKGBのほうから接触してくるから」

「KGBに入りたい」などと言ってくる人間は、アメリカの情報機関CIAのスパイかもしれない。KGBはスパイ組織ですから、そんな人間は絶対に採用しないというわけです。

かくして、それまではやんちゃなワルだったプーチン少年は、心を入れ替えて一生懸命勉強します。そして、レニングラード大学法学部に入ります。モスクワ大学を東京大学とすれば、レニングラード大学は京都大学にあたります。プーチン青年は、そのレニングラード大学法学部で、好成績を取っていた。すると、ある日、正体不明の男がやってきて、プーチン青年に「身分は明かせないが、君は国家のために尽力する意欲がありますか」と聞いてきた。かくして、プーチンはKGBのスパイとなれたのです。

スパイとなったプーチン青年は、ドイツ語要員としてドイツ語を徹底的に勉強させられます。そして東ドイツに派遣されます。ところが派遣されている間に、東ドイツが崩壊してしまった。プーチン青年は、「国家が崩壊していく」という現実を目の当たりにしたわけです。

東ドイツが存在しなくなったことで、プーチンはレニングラードに戻ってきます。そして、**KGBをやめて、今度はサンクトペテルブルク市の副市長になります。**レニングラード大学の学生だった頃に先生だった人が、レニングラード（この年にサンクトペテルブルクに名称変更）の市長になった。その先生から「副市長になってほしい」と頼まれたプーチンは、その話に乗ったというわけです。

プーチンの副市長としての働きが認められて、今度は、モスクワの大統領府から呼ばれて、エリツィンのもとで働くようになります。そこでエリツィンを追い落とそうとする検事総長を失脚させたりという活躍をして、エリツィンの後継者としてロシアのトップに立つようになったのです。

プーチンはなぜ人気があるのか

プーチンは、ロシア国民から絶大な支持を集めています。とにかく人気がある。一方、ゴルバチョフとエリツィンは、まったく人気がない。「社会主義のソ連」を、一気に「資本主義のロシア」に切り替えた彼らは、本当であれば、ロシアの人たちから慕われていてもいいはずですが、評判が悪いのです。理由は単純です。国民からすると、確かに、社会主義国家から資本主義国家への切り替えという大きな仕事を成し遂げてくれたのかもしれませんが、**ゴルバチョフとエリツィンの時代には、「生活が豊かにならなかった」。だから人気がないのです。**当時は、世界中の石油の価格が非常に安い時代でした。ソ連あるいはロシアは、石油や天然ガスを輸出することで外貨を獲得していた。しかし、石油の価格が安いので、外貨収入がなく、国家財政は窮していました。もちろん国民たちにもお金が回ってくることがなかった。そうしたこともあって、ゴルバチョフとエリツィンは、当時も今もロシア国内では人気がないのです。

プーチンは、2000年に大統領になります。この頃から石油の値段が急激に上がります。天然ガスの値段も上がっていきました。これによって、ロシアの財政に余裕ができた。

その結果、国民も少しずつ豊かになっていった。つまり冷静に分析をしてみれば、**ロシア経済が回復したのは、「世界における石油価格と天然ガスの値段が上がったから」なのですが、多くのロシア国民は「プーチンが大統領になったから」だと思っている**のです。

では、今、私が書いたような「分析」をする人が、ロシアにはどうしていないのか。プーチンに批判的な人がロシア国内にいないのはなぜなのか。

答えは、**「非難するメディアが一つもない」**からです。

おかしいですね。ソ連時代は確かに、「言論の自由」も「表現の自由」もありませんでした。しかし、エリツィンがソ連を崩壊させて、ロシア連邦の大統領となったところで、ロシア連邦は、資本主義国として「言論の自由」「表現の自由」も保障されるようになったはずですよね。実際、民間の新聞社やテレビ局が次々に誕生しました。

ところが、プーチン大統領の時代になると、状況ががらりと変わります。プーチン大統領の息のかかった人たちが、テレビ局を支配するようになった。そして、ふと気がつくと、ロシア国内の放送局は、国営放送局と「プーチンの言うことを聞く放送局」だけになってしまった。今、ロシア国内でプーチン政権を批判するテレビ局は一つもありません。たまにキャスターが**プーチン大統領の批判をすると、あっという間にクビにされてしまいます。**

新聞社も同じです。プーチン大統領が就任したばかりの頃は、批判的な記事を書く新聞社もありました。しかし、そうした新聞社はすべてプーチン傘下の企業によって買収されてしまいました。そして、結局、プーチン政権を批判することができる新聞は、ノーヴァヤ・ガゼータ一紙だけになってしまいます。ただし、プーチン政権を批判する記事を書いた記者が襲撃され殺害されるということが起きました。

その上、この新聞社は、広告収入を絞られるようになりました。その新聞に広告を出していた企業が「広告を出さないように」と圧力を受けることによって、次々と広告を出さなくなっていくわけです。新聞社といっても、民間の会社ですから、広告収入がないと、ビジネスとして成立させることができない。結局、紙での発行は中止に追い込まれ、ネット配信だけになってしまいました。日本でも以前、自民党の議員が、「マスコミをこらしめるにはスポンサーに圧力をかけて広告を出させないようにすることが一番だ」と発言して大騒ぎになりました。ロシアでは、まさにそれが実行されているというわけです。

結果的に、紙の新聞、あるいはラジオ・テレビも含めて、プーチン政権を批判するメディアは、ほとんどなくなってしまいました。**これは、極めて皮肉なことです。ソ連の時代には、「言論の自由」「表現の自由」はありませんでした。政権を批判すると「捕まり」ま**

した。それでも、「殺される」ことはなかったわけです。プーチン政権になって「言論の自由」「表現の自由」は保障されました。「いくらでも政権を批判してもいい」という国になった。ただ、「批判をしてもいい。その代わり、命の保証はないよ」ということになったのです。

これが今のロシアという国の現実です。多くのロシア国民は、プーチン批判の報道を見たことがありません。海外から見れば、プーチンにも批判されるべき側面がある、ということも知りません。そして、「プーチンのおかげでロシアという国が立て直された」と思っています。だから、支持率が非常に高いのです。

そうした国民からの厚い支持のもとで、ロシアは２０１４年、ウクライナのクリミア半島に侵攻し併合しています。プーチンにしてみれば、「ソ連の栄光を、再び」ということでしょう。「ロシアをもっと強い国にして、アメリカと覇権を争う世界の二大強国だった時代を取り戻したい」という思いがプーチンにはある。

もし、そうしたプーチンの思いが暴走するようなことがあったとしても、国内にはそれを止める存在はいない。それが現在のロシアということになります。

五時限目

中東問題の本質は「土地問題」

トランプ大統領の初外遊地はどこ?

いきなりですが、問題を一つ出します。

アメリカのトランプ大統領が、大統領就任後、最初の外遊先に選んだところはどこでしょうか。就任してからはじめに訪問する場所ということは、少なくともアメリカにとって重要な地域ということになります。

ヨーロッパでしょうか、中国でしょうか、それともロシアでしょうか。

どれも違います。答えは**「イスラエル」**と**「サウジアラビア」**。つまり、中東地域に、大統領に就任したばかりのトランプは訪れたのです。実は、オバマ前大統領も二期目に当選した後の、最初の外遊先はイスラエルでした。

二人の大統領が最初の外遊先に、中東地域を選んだ。このことからわかるのは、アメリカの大統領にとって、**中東はもっとも「注意を払わなければならない地域」**ということです。そして、アメリカにとってもっとも「注意を払わなければならない地域」ということは、世界情勢にとってみても、当然、「注意を払わなければならない地域」ということになります。

では、どうして中東が、アメリカそれから世界全体にとって、重要な地域になっているのか。一時限目の「中東地域の地図」（22〜32ページ）についての解説で、簡単に触れたことを復習しながら、より深く掘り下げていきましょう。

ポイントとなるのは、「イスラエル建国」です。

ナチスドイツのユダヤ人虐殺を「見て見ぬふり」？

1948年、「ユダヤ人のための国家」イスラエルが建国されました。

建国の年に注目してください。「ユダヤ人のための国家」は、「第二次世界大戦が終わってすぐ」のタイミングで作られることになりました。

もちろん、このタイミングでイスラエルが建国されたのは偶然ではありません。**第二次世界大戦中、多くのユダヤ人が、ナチスドイツにより虐殺されました。「ユダヤ人のための国家」建設が実現した直接のきっかけは、まさにこの「多くのユダヤ人が虐殺されてしまった事実」です。**

歴史的に悲惨な出来事を受けて、「多くのユダヤ人がいわれのない差別を受けて虐殺されてしまった。もう二度とこのような悲劇が起こることのないように、ユダヤ人のための

「国家を作ろう」と考えるのは、ユダヤ人は当然として、世界中の多くの人々にとっても、「自然なこと」と言えるでしょう。

しかし、このナチスドイツによる「ユダヤ人虐殺」の背景をもう少し詳しく見ていくと、ヨーロッパ人の「ユダヤ人」に対する感情は、それほど単純でないことがわかってきます。

ナチスドイツがドイツ本国で虐殺したユダヤ人の数は、18万人に上ると言われていますが、ヨーロッパ全体では、なんと600万人にもなります。ナチスドイツは、ドイツ国内のユダヤ人を虐殺しただけでなく、ヨーロッパ中のユダヤ人を虐殺していました。ヨーロッパの国々を占領し、それぞれの占領地で強制収容所を作り、大勢のユダヤ人たちを強制収容所へ送り、虐殺していたのです。もっとも有名な収容所であるアウシュビッツ＝ビルケナウ強制収容所は、ポーランドにあります。ナチスドイツは、自国にいるユダヤ人だけでなく、他の国にいるユダヤ人までも酷《ひど》い目に合わせていた。

ここで、みなさんは不思議に思いませんか。ナチスドイツがユダヤ人に対してここまで残酷なことをしているのであれば、彼らに具体的な「助けの手」を差し出す国が一つくらいあってもよいのではないか。いくらナチスドイツが戦争に強く、ヨーロッパ中の国から恐れられていたとしても、世界中の国々にナチスドイツの所業を訴えて、「ユダヤ人を助けよう」という国際世論を巻き起こそうという国があってもよかったのではないか、と。

しかし、実際には、**第二次世界大戦中には、そうした「ユダヤ人に手を差しのべる」動きはほとんど見られませんでした。個人は別として、少なくとも国家として動く国は一つもなかったのです。**

大戦中から、ナチスドイツがユダヤ人に対して残酷な所業をしているのをなんとなく知っていたけれども、「見て見ぬふり」をしていたヨーロッパ人が、たくさんいたということです。

もっと言えば、ナチスドイツだけではなく、ヨーロッパ人の中に、「ユダヤ人が酷い目に遭っても構わない」といったような心理を持つ人たちが、それなりの数いたのです。

イエスを十字架にかけたユダヤ人

では、なぜユダヤ人はヨーロッパで嫌われていたのでしょうか。

原因の一つは聖書です。新約聖書は四つの福音書などから構成されています。その中の「マタイによる福音書」に、イエスがエルサレムにやってきて信者を集めて布教活動をすることを描いた箇所があります。イエスはユダヤ教の改革運動をしていました。ですから、ユダヤ教の老師たちに布教活動しているのを睨まれて、捕まってしまい、ローマ帝国に引き渡されます。そして、ゴルゴタの丘の十字架に架けられて殺されることになる。

その時、ローマ帝国から派遣された総督ピラトは、「イエスという男は、素晴らしい人物だ」と感じて、内心ではイエスを殺したくなかった。そこで、ピラトは、イエスを十字架にかけたあと、集まってきたユダヤ人たちに、「このイエスという男を本当に殺すべきなのか」と問いかけます。ピラトとしては、ここで大衆から「イエスを殺さないでくれ」と嘆願されれば、処刑を考え直す気でいた。しかし、集まったユダヤ人たちは、「イエスを殺せ。その血の報いが我が子孫にかかってもよい」と言ったというのです。本当にそうした事実があったかどうかはわかりません。マルコ、ルカ、ヨハネの福音書には、そうした記述はありません。ただ、マタイによる福音書には書かれています。

やがて、ユダヤ人の王国はローマ帝国によって滅ぼされて、ユダヤ人たちは土地を追われます。これを「ディアスポラ（大離散）」と言います。そして、大勢のユダヤ人がヨーロッパに移り住むようになる。その頃、ローマ帝国は、キリスト教を国教にしていました。キリスト教徒たちは、**「イエスを十字架にかけたユダヤ人は、自分の子孫が血の報いを受けても構わないと言った」**として、ユダヤ人たちと接することになります。この福音書に書かれた記述は、ヨーロッパでのユダヤ人差別の大きな根拠となったというわけです。

ユダヤ人というと、お金に強いという印象がありますね。この「ユダヤ人はお金に強い」というイメージも、ヨーロッパにおける「ユダヤ人差別」が根っこにあります。

中世ヨーロッパにおいて、差別の対象だったユダヤ人には、「職業選択の自由」もありませんでした。今でこそ金融業を「憧れの職業」とする人も珍しくありませんが、当時は、高い利子を取って金を貸す「金貸し」と言えば、完全にさげすまれる対象となる職業でした。だから、一般のキリスト教徒は、「金貸し」のような職業には就きたいとは考えなかった。そこで、「職業選択の自由」がなかったユダヤ人たちが、金融業で働くことになったわけです。彼らからすれば、やっとの思いで得られた仕事です。ユダヤ人は一生懸命、金融業に取り組むことになります。

それから、**ユダヤ人は「土地の所有」も認められていなかった。**キリスト教徒であれば、一生懸命に働いてお金を稼ぎ土地を購入すれば、その土地を子孫に相続させることができた。しかし、ユダヤ人は土地を持つことが許されていませんでした。そうすると、ユダヤ人にとって子孫に受け継がせることができるものと言えば、「現金」か、あるいは「人から決して奪われることのない財産」しかなかった。

「人から決して奪われることのない財産」とは、何でしょうか。

そうです。**教育**です。ユダヤ人は、子どもたちにしっかりと教育を受けさせました。ユダヤ人が、現代においても特に教育を大事にする人たちだというのは、歴史的に「土地を相続させることができない」という制約を課せられていたからなのです。ユダヤ人たちは、「教育を受けさせること」こそが、次世代への最高の「相続」だと考えているのです。

皮肉なことですが、差別を受けながらも、よく働き、よく学ぶユダヤ人たちからは、多くのお金持ちが誕生していきます。すると、ヨーロッパのキリスト教徒からは、ますます嫌われるようになっていきました。「あいつら、しぶとく金儲けしやがって」と、ユダヤ人への差別は広がっていくことになります。

ユダヤ人に対する差別意識がよくわかる演劇作品が、シェイクスピアの『ヴェニスの商人』です。この劇中に、「金儲けのためならなんでもする」シャイロックという金貸しが登場します。このシャイロックこそが、当時のヨーロッパにおける典型的なユダヤ人像と言えるでしょう。

ヨーロッパにおけるユダヤ人差別は、実は日本の歴史にも大きな影響を与えています。

1904年に始まった日露戦争の時のことです。日本はアジアの片隅にある小さな国。

一方、ロシアは大国です。小国が大帝国であるロシアと戦争をするわけですから、単純な兵力では勝負になりません。よりよい武器を用意するためにも、軍事費はあればあっただけいい。そこで、当時の日本政府は軍事費を獲得するための国債を発行しました。これを世界中で売って金を集めようとした。誰かがその国債を「買って」くれなければいけない。この時、「日本の発行した国債を大量に売りさばく」という形で、日本を支援してくれたのが、ユダヤ人でした。ではどうしてユダヤ人は、日本を支援したのでしょうか。

当時、ロシアにおいてユダヤ人への差別が非常に激しくなっていたからです。

「もし、ロシアが戦争に負けるようなことでもあれば、ロシアの政治体制が変わり、それにともなってユダヤ人差別もなくなるかもしれない。よし、それならばロシアに戦争を仕掛けると言っているアジアの小国を応援しよう」と、ユダヤ人たちは考えたわけですね。

つまり、もしユダヤ人がヨーロッパで差別されていなければ、日本が日露戦争を戦い、ロシアに勝つどころか、そもそも戦争を起こすこともできなかったかもしれないのです。

自らの贖罪のために

さて、こうした「反ユダヤ主義」に対抗するために、**ユダヤ人たちは、「ユダヤの王国**

があった場所に、自分たちの国を作ろう」という運動を起こすようになります。

これを**「シオニズム運動」**と言います。

この「シオニズム運動」の直接的なきっかけとなったのが、1894年、当時フランスの軍人だったユダヤ人アルフレド・ドレフュスがスパイ容疑をかけられて逮捕された**「ドレフュス事件」**です。ドレフュスは証拠が不十分でありながら、終身禁錮刑を言い渡されます。しかし、この逮捕が完全な言いがかりでした。冤罪《えんざい》だったわけですね。**ユダヤ人であることによって、さまざまな不利な条件を被らされてきたユダヤ人ですが、言いがかりで牢屋に放り込まれてはたまらないと、「差別や偏見から逃れた生活を送るために、自分たちの国を作るしかない」という決意を固めることになります。**

つまり、19世紀の頃から、「ユダヤ人のための国家を作ろう」という運動は始まっていたわけです。ただしこの時点では、世界的に広い支持を得るにはいたっていません。

また、ユダヤ人も一枚岩となって「シオニズム運動」に賛同していたわけではありませんでした。まず、すでにヨーロッパの中で確固たる地位を築いているユダヤ人の中には「自分には関係ない」と無関心を貫く人も多くいました。

当初は一枚岩にはなっていなかったシオニズム運動ですが、**第二次世界大戦後、ナチス**

ドイツの行った残虐行為の実態が明らかになったことで、世界的に一気に盛り上がったというわけです。

ユダヤ人自身は当然として、ユダヤ人以外の人たちも、急速に「ユダヤ人の国を作ることを認めよう」と考えるようになっていきました。「ユダヤ人が大変なことになっているのを薄々は知っていたけれども、具体的に助けの手を差し伸べなかったこと」を悔やみ、自らの「贖罪《しょくざい》」のために、「ユダヤ人に何かをしてあげなければいけない」と考える人もヨーロッパの人の中から出てきたのです。

こうして、「ユダヤ人の国家を作る」というプロジェクトが急ピッチで進むことになりました。

ウガンダに「イスラエル」ができていたかもしれない

さて、世界中がユダヤ人に対して同情を強めていく中で、「ユダヤ人の国を作る」というところまでは合意ができた。次に考えなければならないのが、そのユダヤ人の国を「どこに作るのか」です。

「土地なき民に、民なき土地を」

ユダヤ人のための国を作るにあたっては、こうしたスローガンが立てられました。「土地なき民」というのは、もちろんユダヤ人のことです。それから「民なき土地」にユダヤの国を建てようと考えられたのは、当然ですね。「民のいる土地」にユダヤの国を作るとなると、もともと住んでいた民を追い出さなくてはいけなくなる。これは確実にトラブルになる。そこで、まったく人の住んでいないところではないとしても、人口密度が低くて、ユダヤ人が一緒に住んだとしても問題が少なそうな場所を探すことになりました。

そうした流れの中で、候補地の一つになったのが、アフリカのウガンダでした。どうして、ウガンダが候補地になっていたのか。実際にウガンダへ取材に行ってみて、よくわかりました。**ウガンダというところは、とにかく過ごしやすい土地**なのです。

赤道直下の国ですので、地図を眺めて想像するだけだと、「とにかく暑くて、生活するのが大変な場所」のように思えます。しかし、実際は標高が1000メートルほどもあって、むしろ「涼しい場所」です。日本で言えば、軽井沢のような気候を思い浮かべてみてください。標高が高いので、空気は少し薄いですが、実に暮らしやすい。

ウガンダはかつて、イギリスの植民地でした。そのイギリスの植民地だった時代に、イギリス軍に所属していたユダヤ人たちは、ウガンダに駐留したことがあった。そうした経

ウガンダの位置

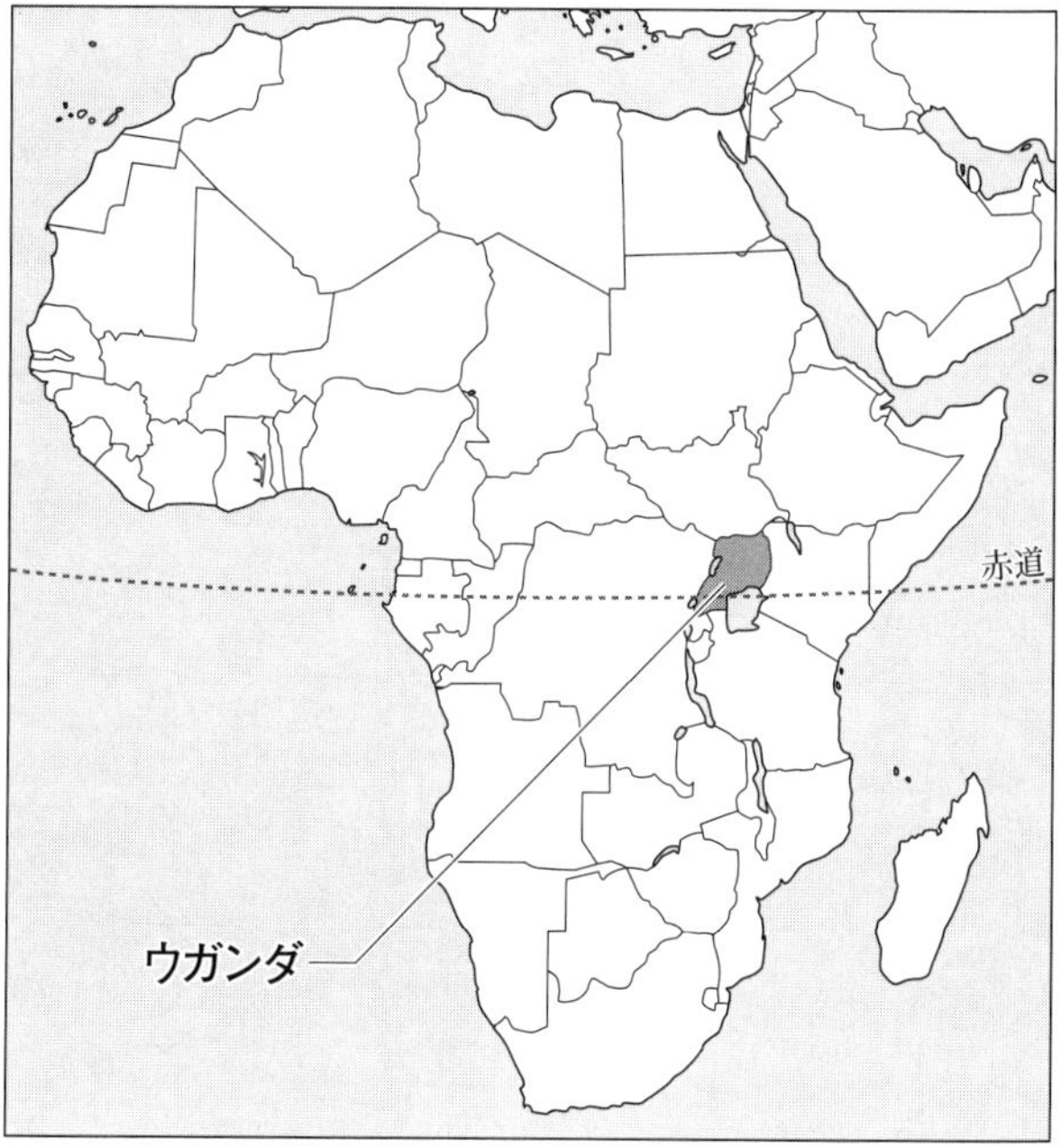

緯から、ユダヤ人自身も、ウガンダがいかに素晴らしい場所なのかを知っていた。

さらに都合の良いことに、ウガンダは、今でこそ人口も増えましたけれども、ヨーロッパと比べてみれば、人口密度も低い。それならば、このウガンダの土地に、ユダヤ人の国を作ればいいではないか。こうした議論もあったのです。

歴史に「もしも」はありません。

けれども、もしウガンダ

に「イスラエル」という国が建国されていたら、今のような中東問題はおそらく起きなかっただろうと思います。さらに、ウガンダは最近になってようやく経済的に発展してきましたが、それでももし、ウガンダに「イスラエル」ができていたとすると、ウガンダはほぼ間違いなく今以上の経済的な発展を遂げていたことでしょう。ウガンダばかりでなく、アフリカの中央部から南部にかけても、劇的に経済が発展していたかもしれません。

時間を見つけて、こうした空想にふけり、頭の中に「もう一つの世界」を作り出してみるというのも、実際の世界情勢がどのような力学で動いているのかを考える力を養うのに効果的だと思います。

「民なき土地」として、ウガンダが選ばれて、平和な「イスラエル」が生まれる可能性もあった。

しかし、現実はそうはなりませんでした。

イスラム教徒にとっても「替えのきかない」土地

皮肉なのは、ユダヤ人にとって「最高の土地」に建国できたということが、その後の世界情勢にとって「最悪の結果」を導いてしまったという点です。

さきほど「自分たちの国を作る運動」を「シオニズム運動」と呼ぶと紹介しましたが、この**「シオニズム」とは、「シオンの丘に帰ろう」という意味**です。まさに、「ユダヤの王国の神殿があった場所」であり、ユダヤ人にとって、重要な土地なのです。

旧約聖書の中に、「アブラハムが我が子イサクを神に捧げようとする」という話が出てきます。神は、アブラハムの信仰が本物であるかどうかを試すために、「子どものイサクを神に捧げろ」と言う。アブラハムは本当に信心深かったものですから、我が子イサクを丘の上まで連れて行き、丘の上の岩の上に横たえて、心臓にめがけてナイフを突き刺そうとする。その瞬間に、「イサクを殺さなくていい。お前が神を信じているということはよくわかった」という神の声が入ってきて、アブラハムはイサクを殺さないですむ。この話の舞台になったのが、「シオンの丘」なのです。

この丘の上にある「アブラハムが我が子イサクを横たえた岩」を中心として、紀元前10世紀頃、ソロモン王によりユダヤの神殿（エルサレム神殿）が作られました。この神殿は、紀元前587年にバビロニアによって壊されてしまいます。その後、再建されますが、西暦70年にローマ帝国により、再び破壊されてしまう。この時に破壊されずに残っていた西の外壁が、現在のユダヤ人にとっての聖地「嘆きの壁」になっているわけです。

「ユダヤ人のための国家を、それほどユダヤ人にとって思い入れのある場所に建国できたのはいいことじゃないか。どうして『最悪の場所』なんだ」と思う人もいるかもしれません。問題は、**この土地が、ユダヤ人にとって思い入れのある重要な土地であると同時に、「イスラム教徒にとっても思い入れのある重要な土地だった」**ことなのです。「民なき土地」であるどころか、たくさんのイスラム教徒が住んでいた。それだけでなく、彼らにとって「譲れない土地」だったということです。

ユダヤの神殿がローマ帝国によって破壊されてしまったあと、アブラハムがイサクを神に捧げようとした岩は剝き出しのままになっていました。それから約500年後の西暦600年頃、アラビア半島に生まれたムハンマドが、「アッラーの啓示を受けた」と主張して、イスラム教を説き始めます。イスラム教の聖典「コーラン」の中には、「ある日、ムハンマドはメッカから遠くの町まで、一夜にして天馬ブラークに乗って行き、その地から天に昇って神に会い、また戻ってきた」という一節があります。この「遠くの町」がエルサレムだと考えられた。つまり、イスラム教の中では、エルサレムに着いたムハンマドは、剝き出しになっていた岩に足をついてこの岩から天に昇って神に会い、また戻ってきた、とされているのです。ユダヤの神殿の跡にあった聖なる岩は、イスラム教の開祖ムハンマドが、神に会うために天に昇っていくときに足をついた聖なる岩でもあるわけです。イスラム教徒たちは、聖なる岩が風雨に晒されていてはいけないということで、岩のドームを作り、そのドームに金箔を貼ります。これが、いわゆる「黄金のドーム」と呼ばれて、イスラム教の聖地の一つとされています。

エルサレムの「神殿の丘」

丘の上に「黄金のドーム」、手前は「嘆きの壁」（朝日新聞社）

まとめましょう。**この地にある聖なる岩は、「アブラハムが我が子イサクを横たえた」ところであり、なおかつ「ムハンマドが足をついて、天に昇っていった」ところになる**わけですね。ちなみに、イエスが最後の晩餐《ばんさん》をしたと言われている丘も、この神殿の丘からすぐ近くの場所にあります。

イエスが処刑されて埋葬された墓とされている場所には「聖墳墓教会」が建てられ、世界中のキリスト教徒が巡礼に訪れます。

イスラエルの建国の地は、ユダヤ人にとっても替えのきかない重要な土地であると同時に、イスラム教徒にとっても、キリスト教徒にとっても、替えのきかない重要な土地だということです。こうした事情が背景にあって、中東地域は泥沼の戦争を続けることになっているのです。

「ジハード＝戦争」ではない

イスラムの世界には、「ジハード」という概念があります。よく「聖戦」と訳されていますけれども、「イスラム世界のために戦うことだけ」を指すのではありません。**「ジハード」とは、「イスラムの教えを守るための努力」のこと全般を指します。**

例えば、イスラム教を信じている人たちは、1日5回、1回目は朝早く日の出前から起きて、メッカの方角に向かってお祈りをします。朝はもちろん眠いし、寒い日は布団から出るのもつらい。しかし、イスラムの教えを守るために、毎日しっかりと布団から出てお祈りをしなければいけない。これも「ジハード」です。

ラマダンの日は、日の出から日の入りまで、食べたり飲んだりしてはいけません。当然、お腹も空くし、喉も渇きます。ただ、この時も、イスラムの教えを守るために、ぐっと我慢をして、食べたり飲んだりしない。これもイスラムの教えを守る「ジハード」です。

そして、もちろんイスラム教の信者たちが住んでいる土地に、異教徒たちが攻め込んできた時に、「その土地を守るために自分の身を犠牲にしても戦う」というのも、「ジハード」になるわけですね。つまり、「ジハード」＝「戦争」ではなくて、「イスラム教の教えを守るための努力」が結果的に「戦争」という形をとることもある、というわけです。

イスラム教徒は、今、世界に16億人いると言われていますが、この「ジハード」を実行するというのは、イスラム教徒すべての共通理念になっています。

気に入らない異教徒たちを討伐しに行くような「過激なテロ」を推奨している人たちは、ほんの一部の人たちです。しかし、「自分たちイスラム教徒が住んでいる土地に異教徒が攻め込んできた場合、自分たちの土地を守るために戦うこと」は、すべてのイスラム教徒が心に刻んでいることなのです。

そうした前提がある中で、イスラエルというユダヤ人国家は、まさに、イスラム教徒が住んでいたところに建てられました。しかも、イスラム教の開祖ムハンマドが神に会うために天に飛び立った「聖地」に建てられた。イスラム教徒たちは「自分たちの土地を守らなければいけない」と武器を手に持つことになります。これは、世界16億人のイスラム教徒にとってみれば、「過激なテロ」などでは決してありません。イスラム教徒ならば当然遂行すべき「ジハード」だと考えているのです。

ですから、パレスチナ地方で今なお続いている戦いについても、私たち日本人のような外部者からは、ずいぶんと過激なことをしているように見えたとしても、世界中のイスラム教徒たちは「イスラム教徒として、当然の行動だ」と承認する構造にあるのです。

自分たちの同胞を追いやったイスラエル、そしてそのバックにいるアメリカは許せない。さらに彼らは自分たちの「ジハード」を弾圧してくる。相手が行動を変えないのであれば、こちらからアメリカを攻撃してしまおう、という思想にまで発展していったのです。

もちろん世界中のイスラム教徒が「アメリカを攻撃すること」を「良し」としているわけではありません。ただし、中東問題が解決しない限り、「ジハードの対象であるイスラエルを支援しているアメリカを攻撃することも、さらにアメリカの味方をする国を攻撃することも、ジハードである」と考える過激な勢力が生まれ続けることになります。

中東問題を解決するのが、世界の平和にとっていかに大事なことなのか、ということはおわかりいただけたかと思います。

イギリスが三枚舌を使った

ここまでイスラエル建国の背景について解説してきました。

ここからは、実際にどのような具体的手続きを経て、イスラエルが「国家」として成立するようになったのかについて、説明していきます。

パレスチナ地方は、イスラエルが建国されるまでは、イギリスが委任統治領として統治していました。この「委任統治」というのは、第一次世界大戦の後に生まれたシステムです。内容としては、まさに「植民地支配をする」ということですが、これまでのいわゆる「植民地支配」との違いは、国際連盟によって「この地域は、あなたたちが統治してよいですよ」と承認されている点です。従来の植民地支配は、力のある国家が自分たちの都合で、ある地域を支配していましたが、「委託統治」は、「この国はまだ独立国になるほどには成熟していない、だからここは先進国であるあなたの国に統治を委任します」と、国際連盟が先進国に「統治を委託する」という仕組みになっていました。

ではどういう経緯で、イギリスがパレスチナ地方の統治を任されるようになったのか。

世界史には、**「イギリスの三枚舌」**という言葉があります。

第一次世界大戦中、オスマン帝国と戦っていたイギリスは、オスマン帝国の支配地域のメッカを統治していたアラブの有力者フセインにこう言いました。「大戦が終わってオスマン帝国が崩壊したら、そこにアラブ人の土地を作ることを認めてあげるよ」と。このイギリスがフセインに送った手紙は**「マクマホン書簡」**と呼ばれています。**イギリスは「第一次世界大戦が終わったらアラブ人の土地を作ってもいい」と約束をした。**この書簡をきっかけとして、アラブ人たちはオスマン帝国に対する反乱を起こすことになります。

この時のことは、『アラビアのロレンス』（１９６２年）という映画になっています。ロレンスというイギリスの考古学者は、アラビア語が非常に堪能だったので、１９１６年、イギリス軍のスパイとしてアラブに派遣されます。そこで、アラブの人たちを巻き込んでオスマン帝国に対する反乱を起こさせる。その様子を描いたのが、『アラビアのロレンス』という映画なのです。

こうしてアラブ人を味方につける一方で、ドイツと戦争をするために、イギリスは金が欲しい。そこで、目をつけたのは金融業界を牛耳っていたユダヤ人です。

ユダヤ人の金持ちから資金を集めようとして、イギリスは１９１７年、「バルフォア宣言」を出します。「バルフォア宣言」の内容は、**「イギリスは、パレスチナにユダヤ人のナショナルホームを設立することを支持する」**というものでした。「ナショナルホーム」というのは、まるで建設会社のような名前ですが、これが絶妙な言い方になっています。ユダヤ人にしてみれば、「イギリスは、ユダヤ人国家を作ることを認めた」と読むわけです

サイクス＝ピコ協定による領土分割案

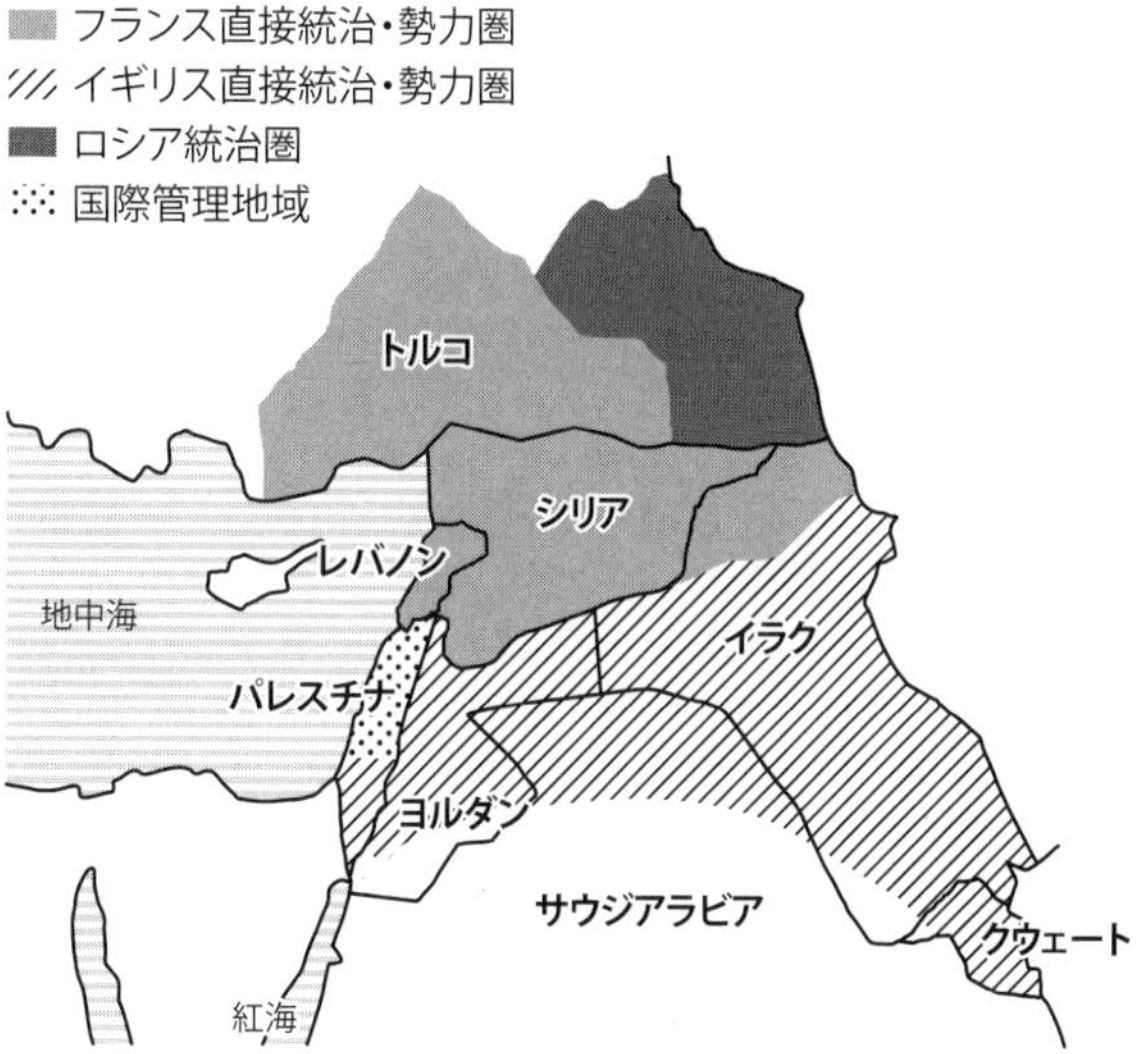

が、イギリスからすると、もし世界情勢の中でユダヤ人国家建設がもめた場合は、「自分たちはユダヤ人国家の建設を認めたわけではない。ユダヤ人の住む場所を認めたに過ぎない」という言い訳ができるわけです。

そして、1916年、イギリスはフランス、ロシアの間とで「**サイクス＝ピコ協定**」を結びました。

サイクス＝ピコ協定とは、**三カ国によって、オスマン帝国領を山分けしようという秘密協定**です。

秘密協定であるはずなのに、どうして周知の事実とされているのか。翌1917年に、ロシア革命が起きたからです。革命政府が、「ロシア帝国は、イギリスとフランスとこんな秘密協定を結んでいた」と世界中に暴露したからです。暴露されてしまったものですから、サイクス＝ピコ協定は実行されませんでしたが、結局、オスマン帝国の跡地は、イラクやクウェート、パレスチナについてはイギリスの支配圏になり、シリアやレバノン周辺は、フランスの支配圏になりました。シリアとイラクの国境線を地図で調べてみると、長い直線で国境が引かれています。これは、自然に国境ができたのではなくて、ヨーロッパの国々が勝手に国を分断した証拠です。

イギリスは、アラブの人たちには「アラブの国を作ること」を認め、ユダヤ人には「ユダヤの国を作ること」を認め、実際には、「ロシア・フランスとの間で山分けしよう」と決めていた。これが「イギリスの三枚舌」と呼ばれるものです。

イギリス軍に対するテロが起きた

こうしてイギリスが支配していたパレスチナ地方へ、大勢のユダヤ人が「パレスチナに自分たちの国を作ろう」と移り住んでくるというわけです。さきほどから解説している通り、パレスチナ地方には、もともと、たくさんのイスラム教徒のアラブ人が住んでいました。そこへユダヤ人が「自分たちの国を作る」と言いながら移り住んでくるのですから、当然のことながらトラブルが起きます。本来であれば、イギリスに間に入ってもらいながら、アラブ人たちとじっくり話し合って、少しずつイスラエルの建国を認めてもらう、といった手順が必要になる場面です。

しかし、移り住んできたユダヤ人たちの中には、**「力ずくでもいいので、一刻も早くここにユダヤ人の国家を作りたい。そのために、まずはイギリスの委任統治領から独立したい」と考える過激派もいました。この過激派は、イギリス軍に対してテロ攻撃を仕掛けていきます。**エルサレムには、キングデイビッドという格式の高いホテルがあります。日本でいうところの帝国ホテルのようなイメージのホテルです。そのキングデイビッドの中にパレスチナ地方を統治するイギリス軍の本部が置かれていたのですが、１９４６年、ユダヤの過激派はキングデイビッドホテルに爆弾を仕掛けました。ホテルの中に爆弾を仕掛けたわけですから、イギリス軍の兵士だけでなく、ホテルに泊まっている一般客も巻き添えになった。結局、90名を超える死者が出ました。

こうしたテロに頭を悩ませていたイギリスですが、パレスチナの統治から手を引くことを決断する直接のきっかけになった事件は、１９４７年に起こりました。**２人のイギリス**

兵が、ユダヤの過激派に誘拐されて、殺害されてしまったのです。その死体はエルサレムの街に吊されました。しかも、その死体の吊されている様子を写した写真が、イギリスの大衆新聞に大きく掲載された。この事件が起きたことで、イギリス国内では、「第二次世界大戦も終わったというのに、なぜ、わが国の若者たちが遠い中東で殺されなければいけないのだ。さっさと撤退すべきだ」という世論が一気に強くなります。こうしてイギリスはパレスチナを放棄することになりました。

ユダヤ人に有利なパレスチナ分割案が作られた

1947年、世論に押されてパレスチナの統治を放棄したイギリスは、**その後の統治を、1945年に作られたばかりの国際連合に丸投げします。**今後のパレスチナの統治は国連に任せた、というわけです。

イギリスの後、パレスチナの統治をすることになった国連は、まずはパレスチナに調査団を送り込みます。今後のパレスチナ統治についてのデータを集めようとしたわけですね。

国連は、こうした調査によって集めたデータから、次のような結論を出します。

パレスチナ全体の56%をユダヤ人の土地とする。

それから、43%をアラブ人の土地とする。

さて、56%+43%は99%ですね。残りの1%は、はたしてどこの部分のことでしょうか。

はい、エルサレムですね。エルサレムは、ユダヤ教にとっても、イスラム教にとっても「聖地」です。その「聖地」に関しては、ユダヤ人の土地でも、アラブ人の土地でもなく、「国際管理の土地」ということにしました。

ところで、**この国連によるパレスチナ分割は、ユダヤ人にとって、非常に有利なものとなりました。**後から移り住んできた「余所者《よそもの》のユダヤ人」が過半数を超える56%の土地を持つことを認められた。

どうしてユダヤ人にとって有利な分割になったのか。国連がパレスチナに派遣した調査団に対する、ユダヤ人とアラブ人の「態度の違い」が明暗を分けたと言えます。

「なんとしても自分たちの国を作りたい」と考えているユダヤ人たちは、国連の調査団に対して全面的に協力しました。一方、もともと自分たちが住んでいた土地を分割しようとされているアラブ人たちは、「冗談じゃない」という気持ちがある。アラブ人たちは、国連の調査に対して、一切協力することはありませんでした。

調査に対して協力的なほうに、手心が加わるのも仕方がありません。協力的だったユダ

国連のパレスチナ分割案（1947年）

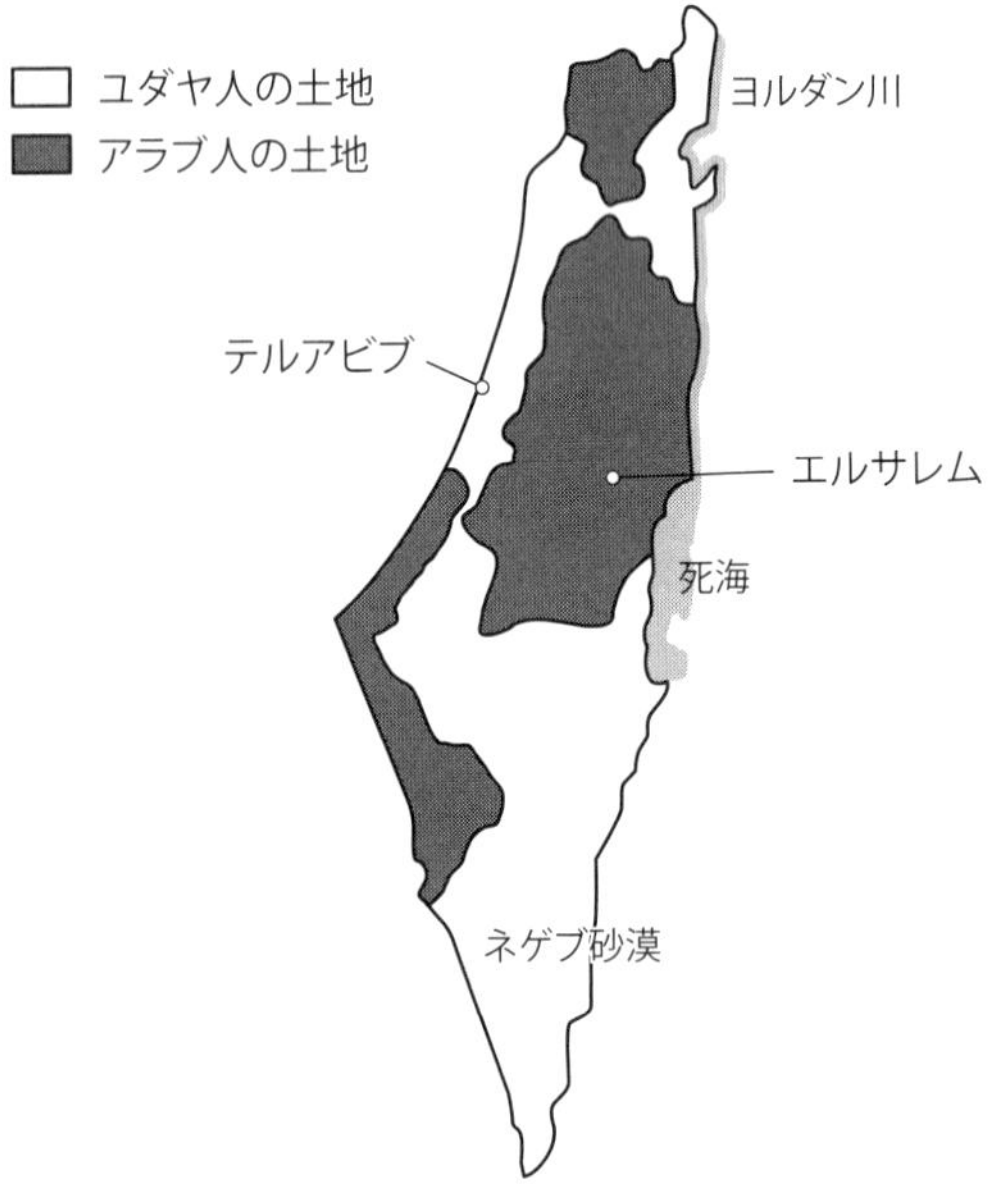

ヤ人と、ヘソを曲げていたアラブ人。その態度の差から、ユダヤ人にとって有利な分割案が作られることになりました。

豆知識を一つ。パレスチナ地方にネゲブ砂漠という砂漠があります。ここは、すべてユダヤ人のものになりました。砂漠の先端には紅海に通じる港がある場所で、ユダヤ人たちは「ぜひ、ここを自分たちの土地にしてほしい」と主張していました。国連調査団は、希望通りにユダヤ人の土地にした。それから数年後に、ユダヤ人がなぜこの土地を強く欲しがったか、その理由がわかります。ここにはウランの鉱山があったのです。

イスラエルは、地下に秘密のウラン精製工場を作り、ネゲブ砂漠で採ったウランをもとにして、核兵器を作ることになります。ネゲブ砂漠の地下には、巨大な核兵器製造工場と貯蔵施設があります。その上空は飛行禁止空域になっています。イスラエルの空軍機がうっかり間違えて、その上空に入ったことがあり、直ちに対空ミサイルで撃墜されました。ここの上空を飛ぶものは、自国の空軍機でさえ、容赦なく撃墜する。それくらいイスラエルにとって、核兵器は重要な武器ということになります。

建国直後のイスラエルは、なぜ勝てたのか

1948年、イスラエルが建国された日の翌日である5月15日から、戦争が始まりました。建国を祝う間もなく、ユダヤ人とアラブ人の泥沼の戦争が始まった。この戦争を「中東戦争」と言います。中東戦争は4回にわたって戦われます。ここからは、中東戦争について解説していきましょう。

まず、一回目の戦争である**第一次中東戦争のことを、イスラエルでは、「独立戦争」と**

呼んでいます。イスラエルにとっては、「この戦争を乗り越えることによって、イスラエルはようやく独立を果たすことができた」と考えているということです。

しかし、ここで素朴な疑問が湧きます。

イスラエルという国はできたばかりです。建国宣言した翌日に、周囲の国から攻められて、どうして防衛できたのでしょうか。普通に考えれば、国ができたばかりで軍隊も整っていないうちに攻め込まれてしまえば、あっという間に負けて、国が消えてしまうように思います。しかし、**イスラエルは、国家が消えてなくなるどころか、この戦争に勝つことができた。これはなぜでしょうか。**

一つ目の理由は、アラブの国々がまったく連携を取れていなかったからです。5月15日に、イスラエルに攻め込んだのは、レバノン、シリア、トランスヨルダン、イラク、エジプトの5カ国です。アラブの連合軍は、相互に連携することなく、好き勝手にイスラエルに攻撃を仕掛けてしまった。

二つ目の理由は、アラブ軍の武器が前時代的なものだったからです。1948年におけるアラブ諸国の一般的な交通機関は、馬かラクダでした。戦争においても、兵士が馬かラクダにまたがって、湾刀と呼ばれる刀を担いで攻め込む有様でした。つまり、近代戦争の体をなしていなかったのです。

一方、イスラエルは「もし、パレスチナの地に国を作ることになれば、戦争になるだろう」と予想していましたので、第二次世界大戦が終わった後、ヨーロッパ諸国から必要がなくなった武器を大量に買い集めていました。また、イギリスがパレスチナから撤退をする際にも、イギリス軍の兵器を盗み出すということもしていた。有名な話があります。イギリス軍の兵士たちが戦車に乗って道路を走っていると、ユダヤ人の女性がわーっと道路に飛び出してくる。そして、「お兄さん、遊んでいかない」と言うわけです。イギリスの戦車兵たちは鼻の下を長くして、女の子たちの誘惑に乗って遊びに行ってしまう。しかし、戻ってくると、戦車がなくなっているというわけですね。こうして、イスラエルは、戦闘機や戦車、兵員輸送用のトラックなどの近代的な兵器を揃えていた。

さらに、イスラエルの国軍には、戦闘経験がありました。さきほど紹介した、イギリス軍を相手にテロ活動をしていたユダヤの過激派が、イスラエル国軍の基礎になっています。

つまり、国としては、「できたばかり」ですが、その軍隊は百戦錬磨だったということです。

ということであれば、結果は明らかです。

イスラエルは、戦争に負けて消滅するどころか、アラブ連合軍を相手に戦争をして、圧勝しました。イスラエルは、第一次中東戦争に圧勝した結果、当初、国連が認めた以上の土地を獲得することになったのです。

「パレスチナ難民」は増え続ける

実は、この領土拡大の過程において、ユダヤ人による、アラブ人の集団虐殺も起きています。この話が広がることで、アラブ人の中に、パニックになり、自分の家を捨てて逃げ出す人が出てきた。こうしてアラブ人の難民が大量に出てくるようになったのです。

イスラエルに占領されたり、戦場となったりした地域に住んでいたアラブ人たちは、身の危険を感じて、同じアラブ人が住んでいる土地である、レバノン、シリア、イラクに逃げていきました。さらに、ヨルダンが占領したヨルダン川西岸地区や、エジプトが占領したガザ地区にも逃げ込みました。こうして**パレスチナの地から逃げ出したイスラム教徒のアラブ人たちは、「パレスチナ難民」と呼ばれることになりました。**1948年から1973年までの4回の戦争によって、230万人のパレスチナ難民が生まれています。

この「パレスチナ難民」を救済するための国連組織がUNRWA（国連パレスチナ難民救

済事業機関）です。これはパレスチナ難民の救済に特化した国連組織です。国連の難民救済組織と言えば、ＵＮＨＣＲが有名ですね。これは、パレスチナ難民に限らず、難民全般を救済するための組織で、日本語に直すと、国連難民高等弁務官事務所と言います。１991年から10年間、緒方貞子さんが国際連合難民高等弁務官を務めたことで知られています。ＵＮＨＣＲ（１９５０年設立）はＵＮＲＷＡ（１９４９年）よりも後に作られました。つまり、ＵＮＲＷＡを参考にして、難民対策は練られているということです。パレスチナ難民キャンプに行きますと、国連の旗がはためいています。これはＵＮＨＣＲではなく、ＵＮＲＷＡの仕事になっているのです。

さて、パレスチナ難民たちは、各地にある難民キャンプに収容されています。普通の難民キャンプと違うのは、そこでの生活があまりにも「長い」ということです。一般的な難民キャンプは、政情不安が落ち着いたり、自然災害の復興が進んだりすれば、解散します。ですから、10年も難民キャンプに暮らすようなことはありません。しかし、パレスチナ難民のキャンプは、戦争が始まった１９４８年から現在まで、70年以上も継続的に続いているのです。難民キャンプの中で、子どもが生まれ、その子どもたちからまた子どもが生まれて……と世代交代まで起きている。結果として、現在ＵＮＲＷＡが救済対象としているパレスチナ難民は、500万人にも増えています。

この500万人の難民を救済しているUNRWAにとって、頭を悩ませているのが、まさにこの**「難民キャンプの長期化」**です。

難民の受け入れ国としては、「あくまで一時的なもの」として考えていますから、インフラは、ほとんど整備されていません。下水道がちゃんと完備されていません。ほとんどがそのまま垂れ流しという状態になっている。衛生状態も非常に悪い。住居にしても、難民キャンプという名称のとおり、本来の難民キャンプは、「テント」を使用していました。あくまで一時的な滞在を目的としていて、それならば風雨を避けるためにはテントで十分なわけです。しかし、例えば、現在のシリア難民キャンプのように難民状態が長引いているキャンプを観察してみると、最初はテントに住んでいたのですが、今では、コンテナに収容される形になっている。シリア難民キャンプよりも長期化しているパレスチナ難民キャンプは、もちろん場所によっても違いますが、コンクリートの二階建ての建物に住んでいたりします。まさにアパートです。それが何棟も連なって、住宅街になっている。

難民キャンプ運営にあたってもっとも大きな問題は、医療費の増大なのです。難民キャンプができて70年も経つと、難民も高齢化しています。それこそ60代、70代の人がたくさんいる。高齢化が進むと、当然病気になる人も増えます。難民キャンプというところは、自由に外に出歩くことはできません。運動不足になります。ただでさえ「祖国に帰りたいのに帰れない」というストレスを抱えているのに、そのストレスも発散する遊びもできない。お金もない。結果的にジャンクフードのようなものばかりを口にして、栄養が偏ります。そして、高血圧や糖尿病といった病気になる。こうして、難民キャンプでかかる莫大な医療費が、UNRWAの直面する重大問題となっているのです。

アメリカが止めた第二次中東戦争

中東戦争の解説に戻りましょう。

第二次中東戦争は「スエズ動乱」とも呼ばれています。

1956年、エジプトはスエズ運河を国有化しました。1858年に、フランスの外交官フェルディナン・ド・レセップスが、エジプトから許可を得て、両国が出資したスエズ運河会社を作ります。スエズ運河とは、このスエズ運河会社が約10年かけて苦労して掘削した運河なのです。しかし、1875年、財政難に陥ったエジプト政府は、このスエズ運河会社の株を売ろうとします。その話にいち早く反応したのがイギリスでした。イギリスは44%の株を有するスエズ運河会社の筆頭株主に躍り出ます。それ以後、イギリスとフランスがこのスエズ運河を支配してきました。

状況ががらりと変わるのは、第二次世界大戦後です。エジプトがソ連に近づいたことを理由として、当時、ナイル川の氾濫防止のために建設を進めることになっていたアスワンハイダムの建設支援を、アメリカとイギリスが取りやめると言い出しました。**エジプト政府は、こうした状況を受けて、スエズ運河を国有化しました。もちろん、通行料もエジプト政府に入るようになります。**

スエズ運河の通行料は、どのくらいのものなのかと言えば、標準的な貨物船がスエズ運河を通過する場合、一隻あたりの通行料が１０００万円から２０００万円もかかるそうです。年間を通して、莫大な通行料収入があることがわかると思います。

さあ、これまで通行料を稼いでいたイギリスとフランスは怒ります。怒った末に何をしたのかと言うと、イスラエルをそそのかして、エジプトを攻撃させたわけです。これが「スエズ動乱」となります。

ひどい話ですね。

本来であれば、イギリスとフランスとエジプトの間で話をつければよいものを、ただ

「エジプトを困らせたい」という一心で、ユダヤ人まで巻き込んでしまった。

しかし、当時のアメリカは冷静な対応をしました。この「スエズ動乱」については、**アメリカは軍事活動には一切手を貸しませんでした。また、カナダの外相レスター・B・ピアソンが、スエズ運河の安全を守り、イスラエルのエジプト侵攻をやめさせるために、国連平和維持軍の創設を提唱したのですが、これをアメリカは支持します。**そうしてスエズ動乱はおさまりました。ピアソンは、この功績が讃えられて、のちにノーベル平和賞を受賞（１９５７年）することになります。

イスラエル軍の圧倒的勝利に終わった第三次中東戦争

１９６７年に勃発した**第三次中東戦争は、「六日間戦争」とも言われています。**非常に短期間で終結した戦争として有名です。

戦争が始まった背景は、次の通りです。

まず、イスラエルは第一次中東戦争での勝利もあり、パレスチナのほとんどを統治していました。しかし、エルサレムの旧市街を含めた東エルサレムについては、ヨルダンが支配していた。つまり、ユダヤ教の聖地である「嘆きの壁」はイスラエルの領土ではありませんでした。このことについて、熱心なユダヤ教徒をはじめとして、不満に思っている人はたくさんいました。

一方、１９６４年にアラブ諸国側が、「パレスチナ解放機構（ＰＬＯ）」を設立します。そして、イスラエルに対抗する中心勢力として、力を持つようになってくると、だんだんと、イスラエルとアラブ諸国の間で「いつ戦争になってもおかしくない」という緊張感が高まってきていました。

そこで、**１９６７年６月５日、イスラエルが奇襲攻撃を仕掛けます。「攻撃されるよりも前に攻撃しよう」というわけですね。アラブ諸国の空軍基地を次々と爆撃した。**

この時、アラブ諸国は、イスラエルを攻撃するために空軍基地に大量の戦闘機や爆撃機を並べていました。そして、「いよいよ飛び立つ」という時に、イスラエル軍から攻撃を受けてしまった。ほとんど抵抗らしき抵抗もできないまま、戦闘機や爆撃機は基地でそのまま破壊されてしまった。そうしてわずか６日間でアラブ諸国は降伏し、**第三次中東戦争は、イスラエル軍の圧倒的な勝利に終わりました。**

この戦争の勝利によって、イスラエルは、エジプトのガザ地区と、ヨルダン川西岸地区も占領することになります。東エルサレムについても支配下におきました。この時に、イスラエルは、「エルサレムは決して分割されることのない、イスラエルの永遠の首都である」と宣言をしたのです。

28ページでも解説しましたが、世界各国の大使館は、テルアビブにあります。本来は、それぞれの国の大使館は相手の国の首都に置くものだからです。イスラエルは、「エルサレムこそ首都だ」と宣言していますが、国際社会は認めていない。だから、世界各国はいくらイスラエルが「エルサレムに大使館を置いてくれ」と言っても、テルアビブに大使館を置き続けているわけです。

そうした背景があった上で、ドナルド・トランプが登場します。トランプは、大統領選挙中に、「アメリカ大使館をエルサレムに移す」という公約を掲げていました。そして、2017年12月6日に、トランプ大統領は、「イスラエルの首都はエルサレムである」と公式に認め、「アメリカ大使館をテルアビブからエルサレムに移す」という指示を国務省に出しました。そして、2018年5月、イスラエルの建国70周年に合わせて大使館をエルサレムに移転したのです。

この行動で、アメリカは、二つの方面からの反発を受けました。

一つは、アラブ諸国からの反発です。イスラエルと対立している彼らからすれば、「アメリカの行為は許せない」ものです。アメリカに対するテロ行為が頻発するようになるかもしれません。

もう一つは、国連からの反発です。国連から見れば、「アメリカは国連決議に反する行為をとっている」ことになります。国連とアメリカの綱引きも、これから緊張感を増していくことでしょう。

核兵器を使いそうになった第四次中東戦争

1973年に始まった**第四次中東戦争は、「ヨム・キプール戦争」と呼ばれています。**

この戦争では、**これまでイスラエルにいいようにやられていたアラブ諸国が、イスラエルに対して奇襲攻撃を仕掛けました。**

「ヨム・キプール」とは、「贖罪の日」と呼ばれるユダヤ教における最大の休日のことです。この日は、ユダヤ教の信者たちは、働かないのはもちろんのこと、食べたり、飲んだりも一切せず、入浴や化粧もしません。徹底的に一日中静かに過ごします。この「一切仕事をしない日」を狙って、アラブ側が奇襲攻撃をかけたのです。

この時、イスラエルの情報機関であるモサドは、「アラブ側がイスラエルを攻撃してくる」という情報を得ていました。そして、その情報を首相に伝えた。しかし、首相は第三次中東戦争の圧倒的勝利から、すぐに軍を動かす必要はないと判断してしまった。これは、イスラエルにおいては「情報戦の大失敗」と言われています。モサドという優秀な秘密情報機関を持ち、そこが「わが国が攻撃される」と警告をしていたのに、政治家が動かなかったということです。

さて、ユダヤ教の戒律を守って、兵士も市民も静かに過ごしているところに、アラブ軍が攻めてきた。さあ、ユダヤ人たちはどうしたでしょうか。

このままではみんな殺されてしまいます。かといって戦うと、ユダヤの教えに反する。そうしたジレンマに陥るわけです。

この時は、イスラエルの政府が、「自分たちを守るためにはヨム・キプールを守る必要はない」と宣言をしたことで、ようやくイスラエル軍も防戦に入ることができましたが、対応が遅れたことには違いありません。**イスラエル軍は大変な損害を受けることになりました。**

実はこの時、イスラエルは核攻撃の準備をしていました。国が存亡の危機に陥ったことで、核攻撃もやむなしという判断までしていた。イスラエルは、核兵器を持っているとも、持っていないとも言わない「曖昧戦略」をとっていますが、実際には持っています。その核兵器を爆撃機にセットして、使う寸前までいっていた。結局、イスラエル軍が息を吹き返し、イスラエル側に戦況が傾いたことで、核兵器の使用は避けることができたのですが、広島・長崎に次いで原爆が落とされていたかもしれなかったのです。

テロが起きることによって気づかされること

この4回の中東戦争では、イスラエルがすべて勝利し、領土も拡大しました。しかし、アラブ諸国側がパレスチナの奪還を諦めたわけではありません。

さきほど、少しだけ触れましたが、アラブ諸国側の中心組織は、パレスチナ解放機構（PLO）となります。PLOは、1964年に「パレスチナをイスラエルから解放しよう」という目的で作られた組織です。もともとは穏健な組織でした。しかし、1969年、ゲリラ組織を率いて、イスラエルとの戦闘を繰り返していたヤセル・アラファトが議長になったことから、一気に過激な組織に変わります。

PLOは、パレスチナ地方において、イスラエルに対するテロを仕掛けるようになりました。彼らがテロを仕掛けるのはパレスチナ地方だけではありません。「パレスチナの人たちが過酷な状態になっているんだ」ということを世界にアピールするために、世界各地でもテロを繰り広げるようになった。

それを日本の若者たちが支援することもありました。1972年、日本の赤軍派の若者たちが「パレスチナの戦いに共闘しよう」と、テルアビブの空港で銃の乱射事件を起こし、大勢の人々を無差別で殺害するという事件を引き起こしました。いわゆる「テルアビブ空港乱射事件」です。

こうしたテロが繰り返されることによって、ようやく世界中の人々はパレスチナの人たちの苦境に注目するようになっていきました。「誰かに血を流させるテロを通じてしか、誰かの苦境を世界に伝えることができない」というのは、非常に皮肉なことですね。

ただ、実際に、こうしたテロ事件から中東問題を解決しようという動きが世界に広がっていきます。そして、「中東問題をなんとかしようじゃないか」と手を挙げた国がありました。ノルウェーです。

ノルウェーが尽力した

1993年、ノルウェーの首都オスロで、イスラエル側とパレスチナで秘密協議が開かれました。そこでまとまったものが**「オスロ合意」**と呼ばれるものです。

ノルウェーはこうした国際的な紛争が起きると、積極的に解決しようとして乗り出す特徴があります。ノーベル賞の中で、ノーベル医学生理学賞やノーベル物理学賞、ノーベル化学賞といった基本的な賞の受賞者は、スウェーデンアカデミーが決めます。しかし、ノーベル平和賞の受賞者だけは、ノルウェーの元国会議員たちが決める。これはノーベル（1833〜1896年）の遺言によって定められたことです。

ノーベルが生きていた時代のスウェーデンとノルウェーは、同君連邦でした。国王が同じで、さらに連邦を組んでいた。しかし、ノルウェーがスウェーデンから分離独立しようとする動きがあり（実際1905年に独立）、その流れで、ノルウェーとスウェーデンの関係が悪化してしまった。それに心を痛めたスウェーデン人化学者ノーベルが、「ノーベル平和賞はあえてノルウェー側に決めてもらおう」として、それを遺言にしたわけですね。

中東問題を解決しないと世界平和はない

話がまとまっていない時に「私たちがなんとかしましょう」と手を挙げるのが、ノルウェーだとすると、話がまとまると「私が保証人になりましょう」と手を挙げるのがアメリカです。

オスロ合意の時も、クリントン大統領が、「私がオスロ合意の保証人になりましょう」と言って、ホワイトハウスの敷地内で、パレスチナのアラファト議長と、イスラエルのラビン首相の間に立って、二人に握手をさせた。まるで、クリントン大統領が両者を和解させたかのように見える写真なのですが、実際のところ、オスロ合意は、ノルウェーの尽力によって成立したものです。

さて、オスロ合意とはどのような内容のものだったのか。

「まず、パレスチナはイスラエルを国家として承認する。その代わり、現在は、イスラエルが占領しているガザ地区とヨルダン川西岸地区から、イスラエルは5年間手を引き、パレスチナ自治政府による自治を認めることとする。その5年の間に今後を協議する」というのが、オスロ合意の中身です。

その結果、ガザ地区とヨルダン川西岸地区で、パレスチナの自治政府による自治が行われるようになった。このパレスチナ自治政府の議長には、PLOの議長であったヤセル・アラファトが就任しました。

この「歩み寄り」は、一見うまくいったように見えました。実際に、「オスロ合意」の結果、ガザ地区とヨルダン川西岸地区の一部で、パレスチナ側が自治するようになりました。

ところが、**オスロ合意に調印したラビン首相が1995年に暗殺され、強硬派のネタニヤフがイスラエルの首相になると、一気に歩み寄りは進まなくなります。**

一方、**パレスチナ側も、過激な勢力が力を持つようになります。**

ヤセル・アラファトはPLOの議長でしたが、同時にファタハ（1957年設立）という自分の組織も率いていました。ファタハというのは、パレスチナ民族解放運動の略称です。パレスチナ民族解放運動のイニシャルを並べると、「死」という意味の言葉になる。これはまずいというので、反対から読むことにした。それが「ファタハ」という組織名になったということですね。このファタハは穏健な組織です。オスロ合意後のパレスチナ自治政府の中心的存在でもあったファタハは、今でもオスロ合意に基づいてイスラエルとの共存を主張しています。

しかし、その「ファタハ」に対抗する形で、過激なハマス（1987年成立）という組織が出てきます。ハマスとは、「イスラム抵抗運動」の頭文字を並べて作った名前です。意味としては「熱情」になる。これはいいじゃないかということで、そのまま組織名になっています。ハマスは、「そもそもイスラエルの存在を認めない」という立場です。「イスラエルを地中海に突き落とせ」という過激な主張すらしてきました。

　こうして**パレスチナ解放運動自体が分裂してしまいます。**２０００年代後半には、ガザ地区については、ハマスが支配。ヨルダン川西岸地区はファタハが支配しているようなこともありました。

　その後、２０１１年になって、**ハマスがついに路線転換をして「イスラエルとの共存を認める」と変わってきました。**このハマスの方針転換によって、中東和平が少しは先に進むのか、あるいは、また別の過激派が出てきてしまうのか、まだわかりません。

　まとめましょう。

　中東地域は、ユダヤ教、イスラム教、キリスト教の三つの宗教の聖地であるエルサレムがあり、世界の産油量の40%を占める石油の大産地でもあります。中東地域の治安情勢は、世界中の国々に影響を与えます。

　ですから、中東問題を解決しない限り、世界平和はありません。

　しかし、**中東問題の本質は「土地問題」**です。「ユダヤ人のための国家」を、もともとユダヤ王国があった場所に建国できたユダヤ人としては、なんとかイスラエルを死守したい。イスラム教徒は、宗教上の行為「ジハード」として「自分たちの土地をイスラエルから取り戻そう」としている。簡単には「落とし所」が見つかることはないでしょう。これが中東問題なのです。

おわりに

この本の内容は、立教大学で客員教授として私が受け持っている「全学共通科目」の「国際情勢を読み解く」という講義がもとになっています。

さまざまな学部の学生たちが履修しているため、受講生はバラエティに富んでいます。講義は春学期の1時限。午前9時から始まるので、早起きが苦手な学生には辛い時間です。私も学生時代、1時限の講義はなるべく履修したくないと思っていました。

それでも熱心な学生たちは、講義が終わると質問の列をつくります。教室では次の講義の準備が始まるので、教室の外の廊下に出て質問に答えることもしばしばです。

鋭い質問を受け、「そうか、その点についても講義で触れておけばよかった」と気づくこともありますし、思いもよらない質問に仰天してしまうこともありますが、いまの学生を知る上で、貴重な機会になっています。

これから大学に進む人も、学校を出てからだいぶ経つ人も、それぞれ楽しんで学んでいただける内容になったのではないかと思います。大学の教室で私の講義を聞いている気分を味わっていただけたでしょうか。途中で寝てしまわなかったことを願っています。

ジャーナリスト　池上　彰

本書は、立教大学の講義「国際情勢を読み解く」に加筆修正を加えたものです。

池上　彰　いけがみ・あきら
1950年、長野県生まれ。ジャーナリスト。名城大学教授、東京工業大学特命教授。慶應義塾大学卒業後、NHKで記者やキャスターを歴任、94年より11年間「週刊こどもニュース」でお父さん役を務める。2005年からフリーランスとして多方面で活躍。著書に『知らないと損する　池上彰のお金の学校』（朝日新書）などがある。

朝日新書
679
池上彰《いけがみあきら》の世界《せかい》を知《し》る学校《がっこう》

2018年7月30日第1刷発行

著　者　池上　彰

発行者　須田　剛
カバーデザイン　アンスガー・フォルマー　田嶋佳子
印刷所　凸版印刷株式会社
発行所　朝日新聞出版
〒104-8011　東京都中央区築地5-3-2
電話　03-5541-8832（編集）
　　　03-5540-7793（販売）

Published in Japan by Asahi Shimbun Publications Inc.
ISBN 978-4-02-273767-0
定価はカバーに表示してあります。
落丁・乱丁の場合は弊社業務部（電話03-5540-7800）へご連絡ください。
送料弊社負担にてお取り替えいたします。

朝日新書

中学の教科書から学ぶ 経済学サク分かり

菅原 晃

GDP、国債、円高・円安、デフレ・インフレなど、毎日のニュースで耳にする経済事象から最新の行動経済学まで、世界の動きを知るために必要な経済の知識を、中学・高校の教科書をもとに学び直す。一番シンプルに理解できる経済学入門。

テレビ最終戦争 世界のメディア界で何が起こっているか

大原通郎

「見たい番組がない」「面白くない」いまのテレビ。一方でAmazon、ネットフリックスが日本の放送業界をのみ込もうとしている。再生の道はあるのか? 米国巨大メディア企業の動向を探りながら、〝メディアの王様〟テレビの未来を見通す。

人生は「声」で決まる

竹内一郎

声とは教養そのものである。声に気づけば、人間関係が潤う。私たちは話す内容より「声」で判断される――「非言語情報」の専門家である著者が、究極の自己財産である声の活用法について、テクニカルとメンタルな面から迫る。超実用的人生読本。

自動運転「戦場」ルポ ウーバー、グーグル、日本勢――クルマの近未来

冷泉彰彦

クルマは電気と人工知能とで自動運転になり、人は運転から解放され居間にいる気分で移動でき、事故もない――そんな未来が本当に目の前まで来ているのか? 欧米やアジアなどで展開する主導権バトルに迫った核心ルポ。日本にも勝ち目はある。

池上彰の世界を知る学校

池上 彰

「世界のいま」を知るために、必要な部分だけ歴史を遡る。世界史を理解したいけど、膨大すぎてどこから手を着けていいかわからない。そんなあなたの助けになる一冊。激動する世界の「原点」を学び、国際ニュースがどんどんわかるようになる!